Ursula Bruns

Pferde meine große Liebe

100 Fragen und Antworten

100 FRAGEN UND ANTWORTEN RATGEBER

Pferde meine große Liebe

SCHNEIDER RATGEBER

Die Deutsche Bibliothek – CIP-Einheitsaufnahme

Bruns, Ursula:
Pferde, meine grosse Liebe : 100 Fragen und Antworten / Ursula Bruns ; Marlit Hoffmann. – München : F. Schneider, 1995
(Ratgeber : Ratgeber Pferd)
ISBN 3-505-10148-6
NE: Hoffmann, Marlit:

Dieses Buch wurde auf chlorfreies, umweltfreundlich hergestelltes Papier gedruckt.

Lizenzausgabe 1995 (1981) by Franz Schneider Verlag GmbH
Schleißheimer Straße 267, 80809 München

Lizenzausgabe mit freundlicher Genehmigung
der Müller Rüschlikon Verlags AG

Titel der Originalausgabe: Unser Kind ist pferdenärrisch
Illustrationen: Marlit Hoffmann
Titelfoto: Gerri Delfan
Umschlaggestaltung: Claudia Wolfrath
Lektorat: Carola Nowak
Herstellung/Satz: FIBO Lichtsatz GmbH, München
Druck:: Presse-Druck, Augsburg
Bindung: Conzella Urban Meister, München-Dornach
ISBN: 3-505-10148-6

INHALT

KINDER TRÄUMEN VON PFERDEN

Vom Schaukelpferd zur Pferdekoppel

„Ganz verrückt ist unser Kind nach Pferden!" Wie oft lassen Eltern heute diesen Stoßseufzer hören, und wie oft nickt der Gesprächspartner verständnisvoll: „Unseres auch! Was macht man da nur?"

Die Liebe zu Pferd und Reiten scheint schon die Dreijährigen anzustecken: Sie wünschen sich Bilderbücher mit Pferden oder Stoffpferde, möglichst in der Größe von Shetlandponys, oder bunte Pferde zum Schaukeln und Wippen – und um die Quälgeister loszuwerden, erfüllen Eltern und Tanten und Opas und Omas ihnen diese Wünsche, vom Malbuch aus dem nächsten Supermarkt bis zum Kunststoffpony mit eingebautem Rütteleffekt.

Das aber heizt die merkwürdige Leidenschaft erst recht an: Im Fernsehen werden Pferde bestaunt, die so rasant und klug und dabei so lieb die kniffligsten Aufgaben lösen und den nächsten Wunschtraum hervorrufen – daß man selbst ein Pferd besitzen könnte, einen Kameraden durch dick und dünn ...

Das Taschengeld geht drauf für Pferdebücher, Pferdefilme und Pferdekalender; zu Weihnachten und zum Geburtstag wünschen viele Mädchen sich nichts anderes, als reiten lernen zu dürfen.

„Weshalb fahren wir am Sonntag nicht mal aufs Land?" betteln sie, bis man, um Ruhe zu haben, den nächsten Ausflug in ländliche Gebiete verlegt – oder, wohnt man auf dem Land, einen Spaziergang entlang den Weiden macht. Vom Instinkt der Pferdenärrischen sicher geführt, landet man früher oder später auch bei weidenden Pferden – und nun ist es mit der Ruhe endgültig vorbei. Bis zu diesem Punkt nahm die Industrie den Eltern die Wunscherfüllung durch

Bereitstellung all der erwähnten käuflichen Dinge ab, doch nun müssen sie selbst aktiv werden. Und wissen oft nicht, wie.

Da grasen auf grüner Wiese sanftmütige große Tiere und kommen auf die Lockrufe bedächtig herbei. Im Frühjahr und im Sommer sind gar Fohlen neben ihnen: süße, stakelbeinige, reizend aussehende, munter umhertollende kleine Pferde, die plötzlich buckeln, übermütig auskeilen, blitzschnell davongaloppieren ... Das läßt auch die Herzen der Eltern höher schlagen, und Mutter und Vater erklären sich bereit, wiederzukommen und Leckerbissen mitzubringen.

Achtung: Hier werden viele Sünden begangen, aus Unwissenheit, Nachlässigkeit oder gar Leichtsinn. Eimerweise werden Küchenabfälle herangeschleppt: angeschimmelte Kartoffelschalen, schmutzige Gemüsereste, stockiges Brot und Käserinden. Pferde fressen, was ihnen vertraut riecht, und je jünger sie sind, um so gieriger machen sie sich auch über das her, was für sie schädlich ist – besonders, wenn mehrere Tiere sich um das Angebotene streiten. Aber Schimmel ist schon in kleinsten Mengen sehr gefährlich für Pferde. Muffiges, Schmutziges und Angegärtes gehört in den Abfall!

Brotreste und Brötchen zu sammeln ist sicher besser, als sie wegzuwerfen, aber sie müssen in luftigen Netzen getrocknet und nicht in Plastiktüten aufbewahrt werden. Verantwortungslose – nicht nur Kinder, auch Erwachsene – werfen oft die Tüten mit den Brotresten zusammen in die Koppel. Die Pferde knibbeln dann am Plastikmaterial herum, fressen es mit – und bekommen Stunden später eine schwere Kolik, an der nicht wenige eingehen!

Immer wieder wird auch beobachtet, wie Eltern ihre Kinder in die Weide schicken, um sie neben dem süßen Fohlen oder dem großen Pferd zu fotografieren. Das ist bodenloser Leichtsinn! Gerade Stuten mit Fohlen sind Fremden gegenüber unberechenbar, und auch andere Koppelpferde können plötzlich sehr unfreundlich werden. Kleine Kinder möchten die niedlichen Fohlen streicheln, zu denen sie sich unwiderstehlich hingezogen fühlen, aber das darf unter keinen Umständen erlaubt werden.

Fohlen sind zwar kleine Pferde, aber keine kleinen Tiere! Sie sind oft über einen Meter hoch und haben lange, stabile Beine mit harten Hufen. Diese Beine müssen das Fohlen notfalls schon so schnell davontragen wie ein ausgewachsenes Pferd; die Knochen sind deshalb stark. Fohlen sind außerdem schreckhaft und übermütig zugleich. Sie mißverstehen vielleicht ungeschickte Bewegungen der Kinder und keilen aus; oder sie bedanken sich für einen Leckerbissen durch vergnügtes Ausschlagen, und bei beidem geschieht es oft, daß Kinder schwer verletzt werden.

Erwachsene Pferde sind im allgemeinen besonnener. Wenn sie aber ausschlagen oder beißen, sind die Folgen um so schlimmer! Sind gar mehrere Pferde auf der Weide und gehen die Besucher zu ihnen, um sie zu füttern, gibt es häufig ein Gerangel futterneidischer Pferde. Dabei versehentlich einen Schlag oder Biß abzubekommen, fürchten selbst die Besitzer, die ihre Pferde doch genau kennen. Um wieviel gefährlicher ist das alles für Fremde!

Ganz abgesehen davon ist eine Weide fremdes Eigentum, wie auch die Pferde darauf. Was würden Sie wohl sagen, wenn Fremde von der Straße in Ihren Garten kämen und Ihren Hund fütterten? Das sollte Kindern wie Erwachsenen ganz klar sein: Man darf eine fremde Weide nicht betreten, auch nicht, wenn kein Verbotsschild aufgestellt ist!

Ganz schlimm wird es, wenn verantwortungslose Erwach-

sene die Kinder auf ein vertrauensvoll näherkommendes Fohlen setzen. Wen wundert es dann, wenn solche Kinder sich heimlich zu den Pferden schleichen und erste Reitversuche machen?
Die Folgen können schrecklich sein. Zum Tragen sind die Fohlenknochen noch viel zu schwach, der Rücken ist zu weich. In der Fachpresse ist immer wieder zu lesen, daß bei solchen Reitversuchen Rücken gebrochen wurden, daß Fohlen elend verendeten. Zudem wird das junge Tier handscheu, läßt sich nicht mehr fangen, läuft womöglich vor Schreck in den Stacheldraht ... Jede Versicherung hat mit den Folgen solcher Unfälle zu tun. Viele Fohlen werden alljährlich als Opfer solchen Leichtsinns getötet.
Auch das unbefugte Reiten ausgewachsener Pferde ist nicht zu verantworten. Mit Geduld und Sorgfalt zugeritten, haben sie gelernt, bestimmten Anweisungen des Reiters zu folgen und ihm zu vertrauen. Auf die Ungeschicklichkeiten der Kinder reagieren sie mit Schrecken und Widersetzlichkeit, buckeln verstört, laufen davon. Ohne Zaum und Zügel nicht zu lenken, galoppieren sie dicht an Bäumen vorbei, rennen ins Gebüsch, in die Schutzhütte mit dem niedrigen Eingang. Reiterknie oder Reiterkopf prallen gegen das Holz, die Kinder fallen vom Pferd, geraten womöglich gar unter die Hufe: Keine Versicherung kommt für derartige Schäden auf – im Gegenteil, die Eltern des Kindes können zusätzlich für den Schaden am Pferd haftbar gemacht werden; ein Blick in die Versicherungsprotokolle zeigt die Häufigkeit dieser Fälle.
Kinder können nicht alles wissen. Unternehmen sie aber solche Streiche doch wieder, nachdem Sie mit ihnen gesprochen und ihnen die Zusammenhänge erklärt haben, so erweisen sie sich nicht als echte Pferdefreunde; den Wunsch

nach Pferd und Reiten sollte man ihnen in ihrem eigenen Interesse und in dem der Pferde dann nachdrücklich abschlagen.

Wie aber sollte man reagieren, wenn ein Mädchen sich nichts sehnlicher wünscht als reiten zu lernen? Oder wenn es gar von einem eigenen Pferd träumt, das es lieben, versorgen, reiten kann? (Natürlich nur ein ganz kleines, das noch nicht viel kostet, mit dem man wenigstens spielen kann, nur so ein Fohlchen ...) Die hilflosen Eltern merken spätestens hier, daß ihnen da etwas über den Kopf zu wachsen droht, und sie sehen es nun gar nicht mehr so gern, wenn Brot gesammelt, Zucker vom Taschengeld gekauft wird. Denn wie soll das enden? Was macht man als Durchschnittsbürger unserer Tage, vielleicht im siebten Stock eines Wohnblocks in der Großstadt wohnend, mit Kindern, die von nichts anderem mehr träumen als von Pferden?

Nun gibt es verschiedene Möglichkeiten, mit dieser Situation fertigzuwerden. Finanzielle Erwägungen werden dabei wohl häufig den Ausschlag geben. Eine der Möglichkeiten besteht also darin, strikt und endgültig *„Nein!“* zu sagen und die Vorstellung, Reiten und Pferdebesitz seien überhaupt möglich, gleich mit Stumpf und Stiel auszurotten. Aber so ganz glücklich wird bei einer solchen Entscheidung niemand sein. Und: Reiten und Pferdebesitz – das sind zwei Paar Stiefel.

Bleibt also das Für und Wider abzuwägen, *ob* man die Wünsche der Pferdenärrischen erfüllen soll und *wie* man das macht.

Was spricht *dafür*, der Pferdeliebe eines Kindes nachzugeben? Nehmen wir an, ein Kind wüchse wirklich – umgeben von moderner Technik und behaglichem Mobiliar – im Hochhaus inmitten anderer Hochhäuser auf: Dann ist sei-

ne Sehnsucht nach einem lebendigen, warmen, urwüchsigen Tier, von dessen Regungen und Gefühlen man träumt, dessen Zuneigung man erringen möchte, auf dessen Rücken man buchstäblich in eine „andere Welt" hineinreitet, unmittelbar verständlich. Für ein Kind – auch wenn es alle Automarken kennt – bedeutet Technik im Grunde wenig, Bequemlichkeit kaum etwas. Es möchte sich an Lebendigem orientieren – und das ist etwas, das Eltern nur unterstützen sollten. Der Umgang mit Lebewesen, die anders reagieren als Elektroherd und Staubsauger, die nicht per Knopf zu bedienen sind, sondern Einfühlung und Verständnis in ihr fremdes Sein erfordern, helfen dem jungen Menschen bei der Vorbereitung auf ein Erwachsenenleben, in dem man den Mitmenschen auch nicht mit Knopfdruck begegnen kann. Ein Tier kann man nicht beiseite stellen wie ein Fahrrad oder ein Spielzeug – diese Erfahrung ist sicherlich jedem Kind nützlich, ganz gleich, wie unterschiedlich Erwachsene darüber denken mögen.
Kinder, die sich früh sinnvoll mit Lebendigem beschäftigen, die Tiere lieben und selbst versorgen, haben weniger Pubertätsprobleme, fühlen sich während dieser schwierigen Zeit des „Himmelhochjauchzend – zu Tode betrübt" nicht so vereinsamt wie vielleicht sonst.
Man könnte den Gedanken weiterspinnen: Beschäftigen sich Kinder und Eltern gemeinsam mit Pferden, reiten oder fahren sie zusammen aus, teilen sie sich gar die Sorge um so ein neues Familienmitglied, dann bleiben sie auch über die stürmischen Jahre des Heranwachsens problemloser miteinander verbunden – dafür gibt es in unserem persönlichen Erfahrungsbereich Hunderte von Beispielen.
Doch so weit sind wir noch nicht; pferdenärrische Kinder müssen durchaus nicht pferdenärrische Eltern haben.

Der Umgang mit Pferden ist überdies gesund, vor allem, wenn er in frischer Luft, in freier Natur stattfindet. Kinder lernen ganz natürlich, die eigenen Launen zu beherrschen, ihre Ungeduld zu bezwingen, wenn es darum geht, ein empfindsam reagierendes großes Pferd zum Freund zu gewinnen.

Selbstdisziplin ist, zumal wenn sie unbemerkt erworben wird, eine wichtige Erziehungshilfe; regelmäßig wiederkehrende Pflichten wie das Putzen, Füttern und Versorgen von Pferden lehren Kinder, daß Pflichterfüllung notwendig ist und dabei durchaus nicht widerwärtig zu sein braucht. So wachsen sie in ein selbstverständliches Verantwortungsgefühl hinein.

Vieles spricht also *dafür*, den Wunsch des Kindes positiv zu erwägen.

Dagegen spricht sehr wenig, wenn man es sich recht überlegt.

Was abschrecken könnte, ist eine gewisse Gefahr des Snobismus: daß ein Kind, anstatt vom Umgang mit Pferden zu profitieren, seine Natürlichkeit und seine echte Tierliebe im Umgang mit anderen (den falschen!) Reitern weithin verlieren könnte. Wir zeigen später noch auf, wo diese Gefahr beginnt und wie man ihr begegnen kann.

Was kann man nun für die Pferdenärrischen tun? Die Antwort fällt je nach Wohnort und Lage des nächsten Reitstalles unterschiedlich aus. Auf jeden Fall aber kann man sich in der Familie einmal darüber unterhalten, welche Möglichkeiten sich anbieten.

Pferde in den Ferien

Der erste Kontakt zwischen einem Kind und „richtigen", das heißt reitbaren Ponys und Pferden kann am ehesten in den Ferien hergestellt werden. (Wenn wir im folgenden von „Pferden" sprechen, so sind damit immer Pferde *und* Ponys gemeint. Kinder unter vierzehn Jahren sollten das Reiten möglichst auf zuverlässigen Ponys, also kleineren Pferden, erlernen.)

In der ganzen westlichen Welt werden Jahr für Jahr immer mehr Ferienheime, Reiterpensionen und Zeltlager eingerichtet, die sich ganz auf Pferde und Jugendliche spezialisieren. Die Adressen erfährt man auf mannigfache Weise: aus überregionalen Pferdefachzeitschriften; aus den regelmäßigen Reisebeilagen überregionaler Zeitungen; durch spezielle Broschüren; über die Verkehrsvereine, die vor allem auf die Möglichkeiten in der jeweiligen Region hinweisen; aus speziellen Reiterferien-Büchern; bei den Reisebüros, die viele Prospekte einzelner Unternehmen wie auch über Reiterferien im In- und Ausland verteilen.

Besorgen Sie sich so viele Auskünfte und Adressen wie nur möglich; alle Broschüren, Zeitschriften und Bücher zusammen kosten weniger als ein einziger verpfuschter Ferientag.

Die Wahl des geeigneten Aufenthaltsortes richtet sich nach verschiedenen Kriterien: dem Alter des Kindes, der Entfernung von zu Hause, der Unterbringung der Feriengäste, dem Freizeitangebot, der Betreuung, den tatsächlichen Reitmöglichkeiten, dem Preis.

Anhand der Unterlagen kann der Familienrat schon daheim am Wohnzimmertisch Ungeeignetes ausschalten. Dann aber sollten Sie unbedingt *selbst hinfahren* und sich

den gewählten Platz ansehen! Papier ist bekanntlich geduldig, und Kinder – zumal jüngere – können sich nicht genügend helfen, wenn sie erst allein am falschen Ort sind. Erkundigen Sie sich vor allem, ob ausreichende *Aufsicht* gewährleistet ist und ob es neben dem Umgang mit Pferden auch weitere Beschäftigungsmöglichkeiten wie Spiele, Schwimmen und Wandern gibt.
Bei größeren Kindern, die vielleicht schon mehrmals in Ferienheimen mit Pferden waren, kommt auch ein entsprechender Bauernhof in Frage, auf dem schon mehr Verantwortlichkeit erwartet wird und die Jugendlichen sich intensiver und selbständiger mit den Pferden beschäftigen können.
Schrecken Sie vor höheren Kosten zunächst nicht zurück, sondern treffen Sie die Entscheidung in Rücksicht auf den Preis erst, wenn Sie sich umgesehen haben. Auch als Laie erkennen Sie, ob die Pferde und Ponys rundlich oder dürr, munter oder geschunden aussehen, ob sie auf ordentlichen Wiesen laufen oder im Schlamm stehen, ob die Unterkünfte sauber oder von tagealtem Kot bedeckt sind, ob die Sattelkammer aufgeräumt oder ob Lederzeug achtlos in den Ecken verstaut ist.
Vollpension in guten Häusern, Reiten eingeschlossen, ist gewiß nicht billig; doch bei gut vorbereiteter Suche finden Sie sicher die Mitte zwischen Komfort und Notwendigkeit. Sauberkeit, Freundlichkeit, gutes, reichliches Essen, Aufsicht und Beschäftigung sollten aber unbedingt im Preis inbegriffen sein. Übrigens: Für eine Woche Reiterferien einschließlich circa zwei Reitstunden pro Tag muß man ungefähr mit vier- bis sechshundert Mark rechnen.
Haben Sie etwas gefunden, das Ihren Vorstellungen entspricht, den Geldbeutel aber zu stark belastet, dann ver-

kürzen Sie lieber den Aufenthalt dort, als in einem unzureichenden Haus längere Ferien zu buchen.
Eine Woche da, wo das Kind den das ganze Jahr über heiß ersehnten Umgang mit den Pferden genießt und dabei richtig erlernt, ist besser als eine längere Zeit in einem verlotterten Betrieb, wo es sich falsche Vorstellungen über Pferdehaltung aneignet. Die Pferdenärrischen sollen ja einerseits ihren Wunsch erfüllt bekommen, andererseits praktischen Umgang mit Pferden erlernen. Pferde sind keine Fahrräder, bei denen nur die Reifen aufgepumpt werden müssen! Sie sind sehr lebendige Wesen, zu deren Verständnis das Kind nur durch richtige Anleitung zu jeder Tageszeit gelangt.
Doch wenn wir bisher von Aussuchen, Wählen, Herumfahren sprachen, so müssen wir das gleich stark einschränken: Die Wahlmöglichkeit haben Sie nur, wenn Sie sich sehr früh bemühen! Am besten nutzen Sie schon die Sommerferien des Vorjahres dazu, sich umzuhören und umzusehen, sich vielleicht nach den Erfahrungen im Bekanntenkreis zu erkundigen und rechtzeitig für die nächsten Ferien zu buchen. Sehr gute Häuser, in denen Ihr Kind sorgsam betreut wird, sind ab Februar meist ausgebucht.
Reiten und Lernen können mancherorts kombiniert werden: Einzelne Ferienbetriebe bieten zu den Reitstunden auch Nachhilfeunterricht in Sprachen und Mathematik an. In der entspannten Ferienatmosphäre lernen auch Kinder, die sonst Schwierigkeiten damit haben, gern. Eine recht häufig praktizierte Möglichkeit, Sprach- und Reitunterricht zu kombinieren, ist ein Aufenthalt im Ausland. Erkundigen Sie sich nur vorher sehr genau, ob die jeweilige Fremdsprache auch gesprochen wird – und zwar auch dann, wenn Deutschsprachige in größerer Zahl an diesen Ferienwochen

2 10148-8

teilnehmen! In England und Frankreich gibt es auch Ferienlager in deutscher Sprache, und das wünschen Sie ja vielleicht gerade nicht.

Was braucht man für Ferien mit Pferden?

Außer einer festen Reitkappe eigentlich nichts Besonderes. Jeans, Pullover oder T-Shirt, einen Parka oder eine Jeansjacke und Gummistiefel. Letztere freilich dürfen kein grobes Profil auf den Sohlen haben, weil man damit zu leicht im Steigbügel hängenbleiben kann.
Jeder korrekt geführte Reitbetrieb hat eine Haftpflicht- und eine Unfallversicherung abgeschlossen: Erstere deckt die Schäden, die Ihr Kind womöglich unbeabsichtigt mit dem Ferienpferd anrichtet; letztere deckt die Kosten, die entstehen, wenn – was wir nicht hoffen wollen – Ihr Kind sich verletzt. Ehe Sie buchen, erkundigen Sie sich bitte danach und fragen Sie auch, wie es mit der ärztlichen Betreuung steht.
Falls Sie selbst sich mit dem Hobby Ihrer Kinder vertraut machen möchten, gibt es natürlich auch die Möglichkeit gemeinsamer Ferien. Suchen Sie sich ein Hotel mit Pferden verschiedener Größen aus, das auch über einen Übungsplatz und einen Ausbilder und Begleiter bei Ausritten verfügt.
Schließlich lassen sich auch die eigenen, anderen Interessen gewidmeten Ferien mit den Reiterferien Ihres Kindes kombinieren, indem Sie sich – was vor allem bei Kleineren, die noch nicht allein von zu Hause fort waren, sinnvoll ist – in der Nähe einquartieren. Hat sich der frischgebackene Reiter erst einmal eingelebt, wird er im neuen Freundeskreis bald so beschäftigt sein, daß die Eltern sich den eigenen Ferienwünschen widmen können.

Voltigieren

Die wohl beste Hinführung zum Reiten ist schon für die Allerkleinsten das Voltigieren: das Turnen an und auf einem eigens dafür geschulten, ruhig im Kreis galoppierenden kleineren oder mittelgroßen Pferd. Die Kinder springen auf und ab, vollführen auf dem Pferderücken verschiedene Übungen und gelangen wirklich „im Spiel" zur völligen Losgelassenheit, die Voraussetzung jeglichen guten Reitens ist; sie gewinnen ein tiefes Vertrauen zum Pferd und zu ihren eigenen Fähigkeiten, machen ihren Körper geschmeidig – und haben obendrein noch viel Spaß! Voltigieren ist rundum zu empfehlen.
Überdies ist es auch noch preiswert. Denn da bei einer Voltigierstunde ein Lehrer und ein Pferd für acht bis zwölf Teilnehmer genügen, zahlt jeder nur eine relativ geringe Summe. Manche Vereine halten den Preis sogar bewußt niedrig, um über das Voltigieren ihren Nachwuchs zu fördern.
Wie alt die Kinder sein müssen, die mitmachen können, hängt von der Entscheidung des Lehrers ab; mancherorts voltigieren schon Vierjährige.
Leider gibt es nicht in jeder Stadt, in jedem Reitverein Voltigiergruppen. Horchen Sie unverzagt auch in der weiteren Umgebung herum: Gerade das gesunde, fröhliche Voltigieren ist, wie gesagt, die beste Hinführung zum praktischen Umgang mit dem Pferd. Vielleicht finden Sie im Bekanntenkreis Eltern, die auch daran interessiert sind, daß ihre Kinder einmal wöchentlich voltigieren, und Sie können dann gemeinsam einen Reitlehrer um Unterricht bitten oder abwechselnd die Kinder zu einem etwas weiter entfernten Kurs fahren.

Was braucht man zum Voltigieren?

Sehr wenig: Turnschuhe, Söckchen, kurze Turnhose, T-Shirt oder Pulli, im Winter einen Trainingsanzug. Wenn Ihr Kind später bei öffentlichen Vorführungen mitmacht, braucht es dies alles vielleicht in den Vereinsfarben.
Auch zum Voltigieren müssen die Kinder haftpflicht- und unfallversichert sein. Werden sie Mitglied im Reitverein, sind sie über dessen Versicherungen wahrscheinlich mitversichert. Erkundigen Sie sich jedenfalls genau!
Zu Weihnachten und zum Geburtstag oder als Belohnung für ein gutes Zeugnis werden sich Ihre Pferdenärrischen sicher Zehnerkarten fürs Voltigieren wünschen – schenken Sie sie ihnen: Sie sind ein gesundes Geschenk.

Reitstunden

Die Zahl der Reitvereine wächst unaufhaltsam. 1959 gab es in der Bundesrepublik 1100 Vereine mit 80 000 Mitgliedern, die der Deutschen Reiterlichen Vereinigung (FN) angeschlossen waren. 1993 waren es bereits rund 5300 Vereine mit knapp 650 000 Mitgliedern. Dazu kommen inzwischen noch die Freizeit-, Trekking- und Westernreitervereinigungen sowie nicht als Verein eingetragene lose Zusammenschlüsse von Reitern. Auch bei ihnen können Anfänger meist Unterricht erhalten, teils in einer anderen Reitweise als der bei uns üblichen deutsch-kontinentalen.
Private Reitschulen in jeder Größenordnung runden das Angebot ab.
Hören Sie sich im Bekanntenkreis um, erkundigen Sie sich

bei der Gemeinde, bei der Stadt, schauen Sie im Telefonbuch nach: Es sollte nicht schwerfallen, eine Reitschule zu finden.

Wesentlich schwieriger ist es, eine Ihren Vorstellungen genau entsprechende Reitmöglichkeit zu finden, denn Reitschule ist beileibe nicht gleich Reitschule! Grundsätzlich unterscheiden sie sich nach dem Gewicht, das bei ihnen auf das Turnierreiten gelegt wird. Es gibt Vereine, die mehr, und es gibt solche, die deutlich weniger Turnierambitionen haben; in manchen Schulen widmet der Lehrer sich besonders intensiv dem Nachwuchs, in anderen wird das Jungvolk als lästiges Übel betrachtet. Insgesamt gesehen sind wir auch beim Reiten weit weniger kinderfreundlich als etwa Holland, Großbritannien oder die USA. In diesen Ländern steht das *Spiel* mit dem Pony im Vordergrund: In England und in Holland sind sehr viele Kinder und Jugendliche Mitglieder in Ponyclubs, in denen man sich ausschließlich den Belangen der Kinder widmet, die dort ebenso ausschließlich auf Ponys (also Pferden unter 148 Zentimeter Stockmaß) reiten. Ponyspiele und Geländeritte, in England auch Jagden, überwiegen bei der Ausbildung; turniermäßiges Reiten sowie das Reiten in geschlossenen Hallen nehmen erst die zweiten und dritten Plätze ein.

Bei uns ist es umgekehrt: Zwei Drittel aller Reitvereine haben eine Halle, in der dressurmäßig geritten wird – auch von Kindern auf großen Pferden. Um so wichtiger ist es nun für Sie, den richtigen Platz zu finden. Schauen Sie sich die einzelnen Betriebe gut an: Auch als Laie merken Sie bald, wo es Ihnen gefällt. Ihr Kind soll behutsam ausgebildet werden, soll die Freude am Pferd nicht verlieren und soll kein Snob werden – dazu braucht es den richtigen Lehrer, gut gehaltene Pferde und einen Kreis echter Kameraden.

Wird herumgeschrien? Sehen die Pferde dünn und müde aus? Wirkt der Betrieb heruntergekommen? Stehen die Pferde ohne Auslauf in einzelnen Boxen oder gar in Ständern, wo sie den größten Teil des Tages die Wand anstarren? Sind Stall und Halle die meiste Zeit des Tages abgeschlossen? Ist die Bar in der Reiterstube besser gefüllt als die Reitbahn? Ist der Ton des Hauses snobistisch und eingebildet? Kehren Sie in allen diesen Fällen schleunigst um! Ihr Kind soll natürlich bleiben, ein fröhlicher, aufgeschlossener Reiter werden, der sich den Traum vom Pferd auch in der rauhen Wirklichkeit des Lebens erhält. Das gelingt aber da nicht, wo das Pferd nur Vorwand ist für anderes: für schnelles Geldverdienen etwa, für schieres Wettkampfdenken oder Angeberei.

Es gibt andere Ställe – suchen Sie sie. Erkundigen Sie sich bei anderen Reitern, jungen und älteren, wo sie sich wohl fühlen, wie ihnen der Unterricht gefällt. Bitten Sie dann den Reitlehrer um eine – natürlich bezahlte – Probestunde. Und schauen Sie dabei unbedingt zu; denn in der ersten Reitstunde entscheidet sich oft, ob die Kinder weitermachen oder erschrocken beziehungsweise entmutigt aufgeben. Diese erste Stunde ist manchmal ein harter Prüfstein für Eltern, die über den unsicheren Sitz ihres Spößlings zu Pferde besorgt sind – und für Kinder, die dachten, das Reiten sei viel einfacher. Hier kommt es auf das Geschick des Reitlehrers an, dem Kind zum einen ein passendes Pferd und zum anderen die richtigen Anweisungen zu geben und sehr vorsichtig vorzugehen.

Daß es für alle Beteiligten einfacher ist, wenn Kinder auf Ponys reiten lernen, diese Einsicht setzt sich allmählich auch hierzulande – wenngleich beileibe nicht überall – durch: Kinderkörper und Ponykörper passen in der Bewe-

gung viel besser zusammen, die geringere Höhe weckt weniger Ängste, der Charakter der Ponys ähnelt dem von Heranwachsenden mehr als der des Großpferdes – daher auch die weltweite Beliebtheit der Kombination Kind/Pony.
In der Reitschule soll der Schüler jeglichen Alters auf einem abgegrenzten Platz oder in einer geschlossenen Halle sich auf Pferd und Reiten konzentrieren können, ohne durch Geschehnisse der Umwelt abgelenkt zu werden. Der Reiter soll lernen, wie das Pferd unter ihm sich bewegt und wie er sich selbst am weichsten und geschmeidigsten den Bewegungen des Tieres anpaßt; er soll aufpassen auf Wesen und Art des jeweiligen Pferdes, soll lernen, daß es genau wie beim Menschen große Unterschiede im Temperament und in der Bereitschaft zum Mittun gibt, und wie man sie erkennt und nutzt; er soll lernen, seinen Körper stillzuhalten und zu beherrschen und vor allem die Verständigung zwischen Pferd und Reiter gezeigt bekommen und nachvollziehen. Das heißt, er muß lernen, wie er dem Pferd seine Wünsche durch überlegten, sanften Gebrauch der Zügelhände, des Gewichtes und der Gewichtsverlagerung, des Schenkeldrucks, der Stimme und der Gerte übermittelt.
Dies ist es, was ein guter Reitlehrer lehrt. Verfügt der Verein über gute, ruhige, gelassene, aber nicht abgestumpfte Ponys und Pferde, so ist das Reitenlernen leichter; kommen die Kinder fröhlich und ganz ausgefüllt vom Erlebten heim, war der Unterricht sicherlich gut; sind sie mißmutig oder nimmt der – an sich zunächst ganz natürliche – Muskelkater nicht ab, reiten sie sich zu oft durch, dann stimmt etwas nicht mit dem Unterricht.
Theoretisches Wissen über Pferd und Reiten lernen Ihre Kinder aus den richtigen Büchern und aus praktischen Pferdezeitschriften; Reiten selbst aber erlernt man nur in der

Praxis, und deshalb kommt dem Unterricht eine so große Bedeutung zu. Die meisten Reitschulen nehmen Kinder ab zehn Jahren auf, weil Kinder unter zehn Jahren für die großen Pferde der meisten Institute noch zu klein sind und weder Kraft noch Ausdauer genug haben, sich dem in straffer Ordnung abgehaltenen Unterricht eine Stunde lang einzufügen. Aus Erfahrung können wir hierzu nur sagen, daß manchmal Sechsjährige bereits geschickte und begeisterte Schüler sind, doch gehören sie unbedingt auf den Rücken eines zuverlässigen Ponys. Höhe und Breite eines Großpferderückens würden sie nur erschrecken! Mit sehr viel Glück finden Sie vielleicht für die Kleinen eine Schule, in der brave und an Kinder gewöhnte Ponys einem geduldigen Lehrer gehorchen. Er wird mit den Reitbabys Lockerungsübungen im Schritt machen: Armekreisen und Ballwerfen und Niederbeugen auf Pferdehals oder -kruppe, später im Trab ein fröhliches Liedchen singen. Solche Unterrichtsstunden sind für Kinder lustig, und sie lernen reiten, ohne es recht zu merken. Hier und da nimmt sich auch eine fortgeschrittene Zwanzigjährige im Verein der Kindergruppe an.

Auch jetzt wieder sind Zehnerkarten dankbar empfangene Geschenke. Die alte Regel gilt auch hier, daß jeder das mehr schätzt, wofür er selbst etwas tun muß: Reitstunden, die durch gute Noten, durch Mithilfe im Haus und im Garten, durch Erledigung von Besorgungen, Babysitten und ähnliches verdient wurden, werden doppelt genossen.

Ein Problem ist, falls die Reitschule Ihrer Wahl nicht am Ort liegt, der Transport dorthin. Gibt es gute Bus- oder Bahnverbindungen, ist es gelöst; auch eine längere Anfahrt mit dem Rad ist – bei Wind und Wetter – gesund und eine dauernde Prüfung für den Grad echten Interesses am Rei-

ten. Jedenfalls hat die Praxis erwiesen, daß Kinder um so schneller die Lust verlieren, je bequemer man es ihnen macht.
Schwieriger ist es, wenn zu jeder Reitstunde Auto und Chauffeur gebraucht werden. Oft kann man Absprachen mit den Eltern anderer Reitkinder treffen und abwechselnd fahren. Solche Fahrgemeinschaften haben sich seit langem bewährt: Petras Mutter fährt vier Kinder montags zur Reitschule, Rolfs Vater holt sie wieder ab, und in der nächsten Woche sind dann andere Eltern an der Reihe. Sprechen Sie aber untereinander ab, daß jedes fremde Kind auf eigene Gefahr mitfährt; das klärt die Frage der Haftung.

Was braucht man zum Reiten in der Reitschule?

Zunächst einmal das gleiche wie für die Reiterferien. Ein Lehrer, der gleich zu Anfang einen kompletten Reitdreß verlangt, versteht nicht genug von Psychologie: Junge Menschen müssen sich mit einer Sache erst vertraut machen, ehe sie sich entscheiden können, ob sie weitermachen möchten. Zum anderen aber ist es auch falsch, ein Kind über eine „schicke" Ausrüstung zum Sport zu bringen. Es soll sich gar nicht erst der Gedanke in ihm festsetzen, daß das Aussehen etwas mit der Sache an sich zu tun hat! Die halbe Welt reitet in Jeans – weshalb nicht Ihr Kind? Sind Sie von der Dauerhaftigkeit seines Wunsches zu reiten überzeugt, kaufen Sie ihm eine einfache, gut sitzende Reithose und ein Paar Gummistiefel.
Dazu ein paar Ratschläge aus langer Praxis:
Bestehen Sie darauf, daß **Reithosen** nur über dem dicksten Winter-Unterzeug anprobiert werden! Auf jeden Sommer folgt ein Winter – und der ist selbst in der geschlossenen

Halle noch kalt, ganz zu schweigen von den so geliebten Ausritten. In einer zu engen Hose friert der Reitschüler dann gewaltig. Außerdem kneifen zu enge Hosen, in denen es sich gerade noch gehen läßt, beim Reiten im Sattel und reiben die Haut auf, was schmerzhafte Scheuerstellen zur Folge hat.
Das gleiche gilt sinngemäß für die **Stiefel**: Im Winter müssen dicke Socken hineinpassen – schon gar in Gummistiefel, die als kalt bekannt sind. Lederstiefel lohnen sich bei gelegentlichem Reiten für Heranwachsende nicht: Zu schnell sind die Füße zu groß – und einen Markt für gebrauchte Kinder-Lederstiefel gibt es fast nicht. Moderne Kunststoffstiefel sind atmungsaktiv, gefüttert und sehr bequem. Viele Spitzensportler tragen sie sogar auf dem Turnierplatz.
Jeder Reiter sollte **Handschuhe** tragen: entweder aus Leder – im Winter aus gefüttertem Kunstleder – oder aus gestrickter Baumwolle. Die Zügel gleiten auch bei verschwitzten und klammen Fingern nicht so leicht aus den Händen, der Griff um den Zügel (nicht der Zug am Zügel!) ist fester und sicherer. Handschuhe sollten ebenfalls nicht zu klein gekauft werden; die Hand muß darin viel Bewegungsfreiheit haben.
Die **Oberbekleidung** soll ohne Firlefanz sein: T-Shirt, Bluse, Pullover oder Rollkragenpulli, je nach Jahreszeit; darüber Windjacke, Anorak oder Parka, die immer geschlossen zu tragen sind, damit der Reiter damit nirgendwo hängenbleibt. So reicht die Kleidung, auch für den Ausritt im Regen, völlig aus.
Auf den Kopf gehört unbedingt eine **Reitkappe**. Sie ist kein Statussymbol, wie man meinen könnte, sondern ein Sturzhelm für den Reiter. Sie muß innen eine sturzfeste Einlage haben, mit Schaumstoff ausgepolstert und bruch- und splitterfest sein; freilich nützt sie nur, wenn der zugehörige

Kinnriemen mit Kinnschutz auch geschlossen wird! Billige Reitkappen ohne alle diese Vorrichtungen nützen nichts; sie sind dann in der Tat nur noch äußere „Angabe".
Zum Ausziehen der Stiefel sollte man sich einen **Stiefelknecht** zulegen.
Manche Reitschulen verlangen, daß die Reiter ihre eigenen **Gerten** mitbringen, weil die Gerten der Schule – wie natürlich auch die eigenen – alle naselang verlorengehen. Kaufen Sie auch hier etwas Einfaches, ohne Firlefanz – etwa einen Meter lang, damit der Reiter sein Pferd an der richtigen Stelle hinter dem Sattel treibend antippen kann, ohne jedesmal die Hand vom Zügel nehmen zu müssen. Fiberglasgerten sind biegsam und stabil und besser als diejenigen mit Eisendraht in der Mitte. Bei allen Gerten brechen die Spitzen im Handumdrehen ab, wenn sich der Reiter nicht von vornherein angewöhnt, sie stets mit dem Griff, also dem dicken Ende, auf den Boden zu stellen.
Das Angebot an Reitzubehör ist riesig; jedes Versandhaus hat heute eine eigene Reitabteilung. Deshalb ist es schwer, Preise zu nennen. Die folgende Liste des Nötigsten soll Ihnen Anhaltspunkte geben:

• Reithose	ab DM 100,–
• Reitstiefel (Gummi)	ab DM 40,–
• Reithandschuhe	ab DM 25,–
(gef. Kunstleder/Winter)	ab DM 8,–
• Reitkappe (mit fester Innenausstattung und Kinnschutz)	ab DM 70,–
• Stiefelknecht	ab DM 8,–
• Reitgerte	ab DM 10,–

Wir lassen mit Absicht hinter den Preisen Platz für die Beträge, die Sie selbst bei Durchsicht von Katalogen oder

nach Besuch einschlägiger Geschäfte ermitteln; weichen sie allzusehr von den unseren ab, suchen Sie weiter!
Während der Zeit des Ausprobierens, Lernens und der ersten Anschaffungen sollte man Kinder dazu anhalten, mitzusparen. Wo ließe sich Sparen leichter lernen als da, wo es um ein Hobby geht, um etwas, das man sich aus vollem Herzen wünscht? Und wieder ist die Intensität des Einsatzes ein Maßstab dafür, was einem die Sache wert ist.
Das geht natürlich noch viel weiter: Worauf ist man um einer Liebhaberei willen zu verzichten bereit? Im Familienrat sollte auch das durchgesprochen werden. Eltern, die solche Fragen interessiert mit ihren Kindern erörtern, haben einen größeren Einfluß und können die nachwachsende Generation besser beurteilen. (Vielleicht springt der Bazillus, der die Pferdenärrischen so närrisch macht, eines schönen Tages auch auf die Eltern über?) Unbedingt müssen dabei die Interessen aller Kinder in einer Familie gegeneinander abgewogen werden: Keiner sollte bei seinen speziellen Liebhabereien bevorzugt werden. Eine der Autorinnen erinnert sich, daß, als sie zwölf Jahre alt war, die ganze Familie in den Ferien an die See fuhr. Nur sie blieb zu Hause, um im Reitstall auszuhelfen, weil dort eine Hilfe fehlte. Zum Ausgleich waren die Reitstunden das Jahr über billiger – die Eltern zahlten weniger. Doch sie schlugen das, was die Ferien gekostet hätten, zum Reitgeld – womit die Geschwister gern einverstanden waren.

Wie geht es weiter?

Wer sein Kind im Reitverein reiten läßt, stellt damit gewisse Weichen für die Zukunft. In einem guten Verein ist das ganze Jahr über eine Menge los. Da gibt es Fuchsjagden,

Kostümreiten, Musikreiten und so weiter. Hat man gut geübt und sich beim Unterricht Mühe gegeben, ist es meist nicht schwer, für einige dieser Veranstaltungen ein Pferd zu bekommen. Dabei wird die Frage der korrekten Ausrüstung aktuell.

Die LPO (Leistungsprüfungsordnung) der Deutschen Reiterlichen Vereinigung, der die Ausrichtung aller offiziellen Wettkampfveranstaltungen untersteht, schreibt für bestimmte Turniere den Anzug vor. Das gilt auch für Österreich und die Schweiz und ihre Verbandsvorschriften. Wer etwa an einem Jagdspringen oder einer Dressurprüfung der Klasse A (Anfänger) teilnimmt – und Prüfungen höheren Grades kommen für Kinder auf Reitschulpferden zunächst nicht in Betracht –, muß so angezogen sein: helle Hose (weiß oder beige), schwarze Stiefel, weißes Hemd/Rollkragenpullover, dunkles Jackett, Reitkappe, weiße Handschuhe. Das ist schon eine komplette Ausstattung, und es bleibt bei jüngeren Kindern und nur gelegentlicher Teilnahme an Prüfungen sehr zu überlegen, ob man sie nicht von einer ähnlich gewachsenen Reiterfreundin ausborgt oder gemeinsam kauft. Bei Wettkämpfen der Katgorie C für Turniereinsteiger und bei Ponyturnieren wird dieser Punkt gottlob großzügiger gehandhabt: Als Oberbekleidung genügt ein einfacher Pulli; die teure Jacke entfällt. Manche Veranstalter freilich haben eigene Vorstellungen und verlangen sogar für ein geselliges Beisammensein mit einigen spielerischen Wettkämpfen den Turnieranzug. Das ist schade. Mit etwas Phantasie kann man sehr hübsche Bilder erzielen, wenn man rote, blaue oder grüne Hemden beziehungsweise Pullis vorschreibt: etwa jeweils für bestimmte Altersgruppen oder miteinander konkurrierende Vereine.

An dieser Stelle gilt es zum zweitenmal, dem Snobismus

vorzubeugen. Reiten ist heute nichts Exklusives, Vornehmes mehr, auch wenn manche Offizielle (etwa Vorstände in den Vereinen, Reitlehrer oder Veranstalter) und leider auch manche Reiter selbst es dazu machen möchten. Wehren Sie sich dagegen! Sie befinden sich damit in Gesellschaft der besten Offiziellen und Reiter. Denken Sie an andere Sportarten: Beim Skilaufen etwa würde Ihnen kein Mensch einreden wollen, das sei etwas „Vornehmes" und man müsse ein hochmütiges Gesicht dabei machen. Erhalten Sie Ihrem pferdenärrischen Kind also auch beim Reiten seine Natürlichkeit. Beugen Sie sich nie der Forderung: „Ich *brauche* dies und jenes – die anderen haben es auch – die lachen mich aus ..."
Sagen Sie Ihrem Kind, daß beim Reiten nichts wichtiger ist als das freundschaftliche Verständnis zwischen Pferd und Reiter, und daß kein Pferd der Welt seinen Reiter lieber hat, wenn er nach dem allerletzten Schrei gekleidet ist. Fragen Sie Ihr Kind freundlich, aber deutlich: „Sind eigentlich die Kinder, die am schicksten angezogen sind, auch am nettesten zu ihren Pferden? Bemühen Sie sich am meisten, ihr Pferd zu verstehen? Reiten Sie auch die Pferde, die nicht so gut aussehen und nicht so gut gehen? Oder wollen sie nur angeben? Und was möchtest du von alledem?" Lassen Sie niemals zu, daß auf dem Umweg über das so geliebte Reiten aus Ihren Kindern unerträgliche Snobs werden.

Reitet Ihr Kind so gut, daß der Reitlehrer vorschlägt, es häufiger an **Turnieren** teilnehmen zu lassen, und entschließt sich Ihr Kind, die Mühen zusätzlichen Trainings auf sich zu nehmen, sind sicherlich Jahre vergangen, und Sie sind inzwischen eine erfahrene Reiterfamilie geworden. Sie können nun auch ohne unsere Hilfe entscheiden, wie es weitergeht.

Das adoptierte Pferd

Am Anfang Ihrer neuen Karriere als Eltern pferdebegeisterter Kinder hätten Sie es sicher nicht für möglich gehalten, was die Erfahrung Sie inzwischen lehrt: daß es immer wieder Leute gibt, die sich ein Pferd kaufen, es dann aber kaum oder gar nicht reiten. Meist liegt das am Zeitmangel. Hoffnungsfroh kauft sich Herr X oder Frau Y ein Pferd und verbringt im ersten Sommer jeden Abend in der Reitbahn oder im Gelände. Aber wie es dann so kommt: Es wird Winter, abends ist es zu dunkel fürs Gelände, in der Bahn zu kalt ... Irgendwann hat es sich eingebürgert, daß man nur noch am Wochenende kommt. Das Pferd aber muß täglich bewegt werden, vor allem, wenn es ohne Auslauf in einer Box steht.

Die Autorinnen erinnern sich an herrliche Jahre mit solchen Pferden, denn dies ist ein Geschenk für gut reitende Kinder mit weicher Hand: Ihnen vertraut mancher Besitzer sein Pferd lieber an als einem Erwachsenen, der mehr fordert und infolgedessen auch mehr verderben kann.

Für die Kinder bedeutet ein solches Pferd, das nicht regulär im Reitbetrieb geht, mehr Freude im Sattel. Es gibt ihnen die Chance, sich auf dem besseren Pferd weiterzubilden und mehr zu lernen.

Wenn Besitzer und Reitlehrer mit dieser Nutzung des Pferdes einverstanden sind und das Kind sich damit weiterhin der Gruppe anschließt, sind zusätzliche Absprachen kaum nötig. Anders verhält es sich, wenn Ihr Kind das Pferd auch allein im Gelände reitet. Hier muß geklärt werden, ob das Pferd haftpflicht- und lebensversichert ist, und wer die Kosten übernimmt, falls es nicht lebensversichert ist. Reiten ist kein besonders gefährlicher Sport, aber es kann eben

doch eine Menge passieren. Nur wenn Sie als Eltern bereit sind, alle Risiken zu tragen und im schlimmsten Fall sogar ein teures Pferd nach einem Unfall zu ersetzen, lassen Sie Ihr Kind ohne genaue Abmachungen das so freundlich angebotene Pferd reiten. Sicherer ist es, mit dem netten Besitzer schriftlich oder vor verläßlichen Zeugen auszumachen, wer welche Risiken trägt. Haftpflicht für das Pferd und Unfallversicherung für das Kind sind eigentlich selbstverständlich; aber wer zahlt den Tierarzt bei Lahmheit? Bei Verletzungen nach einem Sturz? Was darf das Kind mit dem Pferd überhaupt tun – darf es springen? In der Bahn oder auch im Gelände? Soll es nur spazierenreiten?
Noch komplizierter wird es, wenn *mehrere* Fremdreiter ein solches Pferd reiten: die Abmachungen müssen dann mit allen Beteiligten gemeinsam getroffen werden.
Klären Sie es im freundschaftlichen Gespräch vorher, denn *nachher* finden meist keine freundschaftlichen Gespräche mehr statt.

Etwa noch einmal soviel Pferde wie in Vereinsställen leben auf der Bauernweide oder hinter dem Haus ihres Besitzers. Wer die Augen offenhält, findet da ganz erstaunliche Möglichkeiten zum Reiten. Die „Bezahlung" freilich sieht anders aus als im Reitstall.
Eine nette ältere Dame in der Nachbarschaft besitzt zwei Pferde oder Ponys; sie würde gern jemanden reiten lassen, der ihr dafür bei der Pflege ein wenig zur Hand ginge. Oder: Durch ein bißchen zu intensive Zucht in früheren Jahren hat sich ein Bestand so vergrößert, daß die Besitzer und Reiter nun nicht mehr für alle Tiere genügend Zeit haben. Oder: Ein Besitzer wurde alt oder krank, hatte vielleicht einen Reitunfall, möchte sich von seinem Pferd aber nicht

trennen. Oder: Ein Bauer hält ein Pferd aus Liebhaberei. Es geht hier und da im leichten Zug, läuft sonst auf der Weide. Er würde es einem netten jungen Reiter schon leihen. Oder – oder – oder ... Wir wissen aus der Praxis, wie groß hier die Möglichkeiten für die echten Pferdefreunde unter den jugendlichen Reitern sind. „Echte Pferdefreunde" müssen sie freilich schon sein, denn, wie gesagt, der Preis besteht meist in Mitarbeit und Mitsorge. Bei uns reiten immer ein paar Kinder das ganze Jahr über, die dafür im Urlaub nach den Pferden sehen, fleißig bei der Heuernte mithelfen, beim Versorgen des Lederzeugs, beim Holen und Wegbringen der Tiere, beim Reinigen der Weiden und Ställe. Ein Junge beispielsweise muß mit der Bahn kommen und zahlt vom Taschengeld die Monatskarte!
Die meisten Eltern sehen diese Art der Reiterei besonders gern, weil die Kinder eben mehr lernen als nur das Reiten: Sie entwickeln mit der Zeit einen Blick für das, was Tieren fehlen könnte, was sie brauchen, wie sie versorgt werden müssen; sie leisten gesunde körperliche Arbeit an der frischen Luft (die hinterm Haus gehaltenen Pferde kennen keine Reithalle), sie bleiben fröhlich und natürlich. Haben Ihre Kinder also ein solches „Pferde-Zuhause" gefunden und bitten Sie, dorthin gehen und auch länger bleiben zu dürfen, so werden Sie gewiß nur nein sagen, wenn die Schule darunter leidet.
Ein Vorteil bei dieser teilweisen Adoption ist es, daß die jungen Reiter mehr oder weniger unter Aufsicht sind und von den Tierhaltern angelernt werden; die Verantwortung, die sie tragen, ist nicht so sehr groß. Doch auch hier ist ein Besuch der Eltern angebracht. Wiederum müssen alle Versicherungsfragen geklärt werden. Sind die Pferde in der Haftpflichtversicherung? Hat der Betrieb eine Betriebs-

3 10148-8

Haftpflichtversicherung, die zahlt, wenn dem Kind etwas zustößt? Die Pferdebesitzer andererseits werden sich von weitreichender Verantwortung gern freistellen lassen und sich erkundigen, ob für das Kind eine Unfallversicherung abgeschlossen ist.
Die Mithilfe bei Leuten, die selber Kinder und Ponys haben, lockt schon Achtjährige an, und wenn alle Beteiligten einverstanden sind, ist dagegen nichts einzuwenden. Es ist erstaunlich, wie gut manche sehr junge Kinder mit Pferden umgehen können.

Auf einer großen Weide laufen seit längerem Ponys, um die sich niemand intensiv zu kümmern scheint. Nachforschungen ergeben, daß die Kinder, die sie früher ritten, in der Lehre oder beim Studium sind, nicht mehr im Ort wohnen, zur Zeit zum Reiten zu beschäftigt sind, die Tiere, an denen sie hängen, aber nicht verkaufen wollen.
Oder: Am Rand der Großstadt weidet ein Pferd, das ein alter Mann abends in den Stall eines ehemaligen kleinen Hofes holt. Ein Gespräch übern Wiesenzaun ergibt, daß der Sohn, dem das Pferd gehörte, tot ist. Verkaufen möchte der alte Herr nicht, aber die Arbeit wird ihm, zugegeben, ein bißchen viel ...
Zwei Möglichkeiten, Pferde ganz zu adoptieren, das heißt, die volle Beschäftigung mit ihnen in eigener Regie zu übernehmen: sie zu putzen, zu füttern, ihre Unterkünfte zu säubern und sie dafür zu reiten. Natürlich kommt das nur in Frage, wenn der oder die Reiter das Reiten und die Versorgung von Pferden gelernt haben und das nötige Verantwortungsgefühl besitzen. Und mindestens vierzehn Jahre sollten sie wohl auch alt sein.
Nun wäre wiederum der Familienrat fällig. Den Heran-

wachsenden, die vor sich selber und vor anderen beweisen möchten, daß sie eine solche Aufgabe übernehmen und durchhalten können, würde es natürlich Spaß machen – aber haben sie sich alles gut überlegt? Im Gespräch sollten Sie den Enthusiasmus in die richtigen Bahnen lenken und genau feststellen, wie viele Stunden der neuen Aufgabe gewidmet werden müssen und sollen, und die Verantwortung sehr deutlich machen, die damit verbunden ist. Selbst wenn Sie persönlich sich wenig aus Pferden machen, wissen Sie doch als Erwachsener, daß alle Arbeit mit Tieren mit Regelmäßigkeit, Gründlichkeit und Verantwortung verbunden ist. Ist sich Ihr Kind darüber im klaren, und ist es bereit, sich voll einzusetzen, so beobachten Sie genau, wie es weitergeht.

Kein Pferdebesitzer sieht sich Pfusch lange an. Geht Ihr Kind nur gelegentlich den übernommenen Pflichten nach, findet es Ausreden – etwa wenn es regnet oder kalt ist –, verbummelt es seine Pflichten gar, dann dürfen Sie sich nicht wundern, wenn das Experiment nicht gut ausgeht.

Andererseits kennen wir viele junge Menschen, die sehr glücklich geworden sind mit Pferden, die ihnen „fast" gehörten.

Erzieherisch hat diese Art von Pferdebesitz einige nicht unwichtige Vorteile: Die jungen Menschen müssen sich in manchem nach den Wünschen des Besitzers richten und lernen, sich anzupassen, auch wenn's mal schwerfällt. Um des geliebten Pferdes willen nehmen sie manche Marotte in Kauf. Bei Reitjagden, Festen, Umzügen kann es vorkommen, daß nun plötzlich die Besitzer reiten möchten, und dann schmerzt es schon, das liebevoll gepflegte Pferd nicht selbst zeigen zu dürfen! Im allgemeinen läßt sich da aber eine Regelung treffen.

Und da wir gerade von Regelungen sprechen: Im Falle des voll adoptierten Pferdes müssen sich die Eltern ganz besonders gut nach allen Voraussetzungen erkundigen, denn nun sind die Kinder ja erstmals ganz auf sich allein gestellt. Man sollte mit dem Besitzer gründlich über den Charakter und die Ansprüche des Pfleglings sprechen, und man sollte sich genau über die Reit- und Ausreitmöglichkeiten erkundigen. Was hilft das beste Pferd, wenn seine Weide inmitten von Häusern und Straßen liegt und der Anritt zum nächsten Reitgelände lebensgefährlich ist?
Für Heranwachsende, die von der Pike auf den Umgang mit Pferden und das Reiten erlernten, bieten sich weitere Möglichkeiten anspruchsvollen Reitens. Eine schöne und wichtige Aufgabe ist es zum Beispiel, ein Pferd, das von nicht sehr erfahrenen Eltern für ein kleineres Kind gekauft wurde und das dazu nicht genügend geschult ist, behutsam zurechtzureiten. Oder für eine ängstliche Besitzerin ein zu heftiges Pferd wieder ruhig zu reiten. Oder – oder ... Aus der Praxis sind reichlich Fälle bekannt, in denen geschickte junge Mädchen als Helfer, Zureiter und Lehrer jüngerer Kinder stets interessante Pferde zu reiten hatten, ohne daß es sie viel Geld kostete.

Das gemietete Pferd

Wo die Adoption eines Pferdes nicht möglich oder nicht gewünscht ist, bietet sich Jugendlichen, die nicht im Reitstall reiten möchten oder keinen in der Nähe haben, vielleicht ein anderer Ausweg. In verschiedenen Gegenden halten sich vermehrt die Landwirte wieder Pferde – teils, um zu züchten, teils für „Ferien auf dem Bauernhof“, teils auch, um sie an Reiter zu vermieten. Dabei ist nicht an jene gedacht, die stundenweise Pferde verleihen, sondern an feste Verträge mit einem, zwei oder drei Reitlustigen, die sich die Unterhaltskosten teilen und dafür ein Pferd haben, das nur von ihnen geritten wird. Der Landwirt pflegt und versorgt dieses Pferd, läßt die notwendigen Impfungen und Wurmkuren durchführen und stellt Sattel und Zaumzeug. Die Reiter einigen sich, wer an welchem Wochentag wie viele Stunden reiten darf.

Die Vorteile sind:

- Man braucht kein eigenes Pferd und kein eigenes Sattelzeug zu kaufen;
- man braucht sich nicht um das Futter zu kümmern;
- Tierarzt- und Hufschmiedkosten entfallen;
- man hat dennoch, im begrenzten Rahmen, ein eigenes Pferd.

Außerdem kann man sich im Unterschied zum Reiten in der Reitschule aussuchen, mit wem man ein Pferd teilen möchte. Überdies ist der Mietpreis, wenn ihn sich mehrere teilen, wesentlich geringer als der für ein eigenes Pferd im Vereinsstall.

Das gemeinsam gekaufte Pferd

Gelegentlich trifft es sich, daß zwei oder drei Freundinnen beziehungsweise Freunde nicht genug Geld und Zeit haben, um sich jeder ein Pferd oder Pony zu kaufen, wohl aber gerade zurechtkommen, wenn sie ihre Ersparnisse zusammenwerfen. So kauft man denn ein Pferd, das allen gefällt, kauft gemeinsam das erforderliche Sattel- und Pflegezeug und teilt sich sowohl den Pensionspreis als auch die Pflege sowie die Tierarzt- und Schmiedkosten und einigt sich über die Zeit, in der jeder reiten darf.

Möglich ist so etwas – aber es führt sehr, sehr leicht zum Streit: Ob man ein Pferd gemeinsam mietet oder gemeinsam kauft – stets war es der andere (beziehungsweise einer von den anderen), der es lahmritt, Eisen verlor, nicht genug putzte, den Sattel im Regen liegenließ, das Tier überanstrengte. Wer zahlt dann den Tierarzt? Wer ist verantwortlich dafür, daß die anderen vielleicht wochenlang bei schönstem Sommerwetter nicht reiten können, weil sich das Pferd erholen muß? Die meisten Krankheiten oder Satteldrücke und ähnliches treten erst nach Tagen auf, werden nicht gleich bemerkt: Wie will man noch wissen, wer sie verschuldete?

Besonders problematisch ist die Teilnahme an Schauen, Wettkämpfen, Festen und Umzügen, weil da gerade bei Jugendlichen jeder mitmachen möchte. Schwierig wird es auch bei unterschiedlichen Ansprüchen an das Pferd: wenn der eine Mieter/Besitzer gern springen, der andere aber betont vorsichtig durchs Gelände bummeln möchte. Was soll das Pferd lernen? Wer „verdirbt" es für die Zwecke des anderen?

Wir gehen darauf so ausführlich ein, weil Eltern, die sich selbst nicht mit Pferden beschäftigen, diese Problematik nicht kennen und somit nicht überblicken können. Sie muß die Miete oder den Kauf nicht verhindern, aber sie setzt zum möglichst reibungslosen Funktionieren wieder das gemeinsame Gespräch aller Beteiligten und möglichst schriftliche Abmachungen voraus.

Der Wichtigkeit halber fassen wir noch einmal zusammen: Ob Ihr Kind Ferien mit Pferden erleben darf, Reitstunden nimmt, fremde Pferde reitet, versorgt und pflegt, sich an gemeinsamer Miete oder am Kauf eines Pferdes beteiligt – immer sollte vorher gemeinsam besprochen und am besten schriftlich, mindestens aber vor Zeugen, bestätigt werden:

- was das Kind soll und darf;
- was es nicht tun darf;
- welche Versicherungen erforderlich und abgeschlossen sind;
- welche Eigenarten oder gar „Untugenden“ die Pferde oder Ponys haben;
- welche Pflichten das Kind beim gemeinsamen Besitz zu welchen Zeiten übernehmen muß;
- wann es das Pferd bewegen darf.

Nur dann gibt es später keinen Ärger. Auf keinen Fall sollte man einem Kind erlauben, ein Pferd nur aufgrund mündlicher Erlaubnis des Besitzers zu versorgen und zu reiten. Und lassen Sie Ihr Kind nicht ohne weiteres außerhalb der engeren Umgebung reiten, wenn Sie das Gelände nicht kennen. Erkundigen Sie sich, wo es vernünftige Mitreiter gibt, denn Kinder dürfen unter keinen Umständen allein irgendwohin verschwinden, wo sie im Falle eines Unglücks hilflos sind. Das Reiten in der freien Natur ist an sich die natürlichste Art, sich mit dem Pferd und zu Pferde fortzubewegen. Doch das, was einst Natur war, ist heute vielerorts lebensgefährlich geworden infolge des immer stärker zunehmenden Verkehrs. Und wer in Halle und Reitbahn zurechtkommt, findet sich noch lange nicht mit den vielen Schwierigkeiten des Geländes zurecht. Ihr Kind muß

schließlich wissen, wo und wann Reiten verboten ist, wie man sich anderen Wegbenutzern gegenüber verhält, welche Pflanzen giftig sind für Pferde, wie man sein Pferd vor und nach einem Ausritt versorgt, was man tut, wenn es scheut oder durchgeht.
Auf jeden Fall sollte Ihr Kind ein fremdes Pferd zunächst mindestens eine Woche lang auf der Wiese ausprobieren, ehe es sich damit ins Gelände begibt.

Der Reitverein

Soll ein Kind einem Reitverein beitreten? Das hängt von verschiedenen Voraussetzungen ab, deren wichtigste natürlich die Qualität des jeweiligen Vereins ist. Wir erwähnten schon, wie jammerschade es ist, daß sich die Idee der Ponyclubs für die unter Achtzehnjährigen im deutschsprachigen Raum kaum durchsetzt; sie ist auch deshalb so besonders wertvoll, weil nicht nur Kind und Pony zusammenpassen, sondern die jungen Reiter ständig in gleichaltriger Gesellschaft sind. Zudem gehen aus ihren Reihen die Betreuer der nächsten Generation hervor, die aus eigener Erfahrung genau wissen, wie man Kinder und Pferde am wirkungsvollsten und vergnüglichsten zusammenbringt.

Für den Verein – sofern er gut ist – spricht:

- Meist gibt es einen Reitlehrer;
- Reiter und Pferde sind versichert;
- die Kinder reiten unter Aufsicht auf Pferden, die dem Lehrer bekannt sind;

- es werden Lehrgänge abgehalten, die zum Erwerb von Abzeichen (Reiterpaß, Reiterabzeichen) und Urkunden (Erste Hilfe) führen;
- es werden Film- und Bildabende veranstaltet;
- es gibt gesellige Veranstaltungen wie Musikreiten, Nikolaus- und Weihnachtsfeiern;
- die Kinder können mit der Zeit an gemeinsamen Ausritten, Jagden, Ferienritten und ähnlichem teilnehmen;
- bei Lust und Begabung ist Teilnahme an Turnieren möglich.

Gegen den guten Verein spricht nichts. Schade ist, daß die Kinder sich in vielen Vereinen über die Reitstunden hinaus kaum mit den Pferden – die ja meist gleich wieder weiter benutzt werden – beschäftigen können. Das Verlangen vor allem junger Mädchen nach engerem Kontakt mit dem Tier wird selten erfüllt. Viele Vereinsreitställe haben zudem kaum Auslauf für die dort arbeitenden Pferde; die Kinder erfahren nur einen Teil des möglichen und erstrebenswerten Pferdelebens. – Ferien auf Ponyhöfen sind nicht zuletzt deswegen so beliebt, weil man den ganzen Tag gemeinsam mit den Tieren verbringen kann!
Ein guter Verein kümmert sich um die einzelnen Mitglieder und veranstaltet Schauen und Reitertage, die auch dem weniger turnierinteressierten oder weniger begabten Reiter Möglichkeiten der Teilnahme bieten. – Wie gesagt: ein guter Verein.
Hier gilt es für die Eltern, die Augen offenzuhalten. Sind Sie ohnehin besorgt, die Pferdenarrheit Ihres Kindes könnte Formen annehmen, die Sie finanziell zu stark belasten, sollten Sie aus reiner Vernunft nicht eben den feudalsten oder zu stark auf Turniere ausgerichteten Verein wählen.

Junge Menschen lassen sich von der Umgebung beeinflussen – sie möchten mitmachen, was die tonangebenden anderen tun. Das hat mit dem Reiten an sich nichts zu tun, sondern ist eine ganz allgemeine Erscheinung. Suchen Sie dann lieber einen ungezwungeneren Verein, in dem die Jugend zum Reiten, nicht aber zum Angeben angehalten wird; fahren Sie dazu – wenn Sie Ihr Kind ohnehin zu den Stunden bringen müssen, kommt es nicht darauf an – lieber einen Ort weiter.
Außer den herkömmlichen Großpferde-Vereinen mit Halle und Platz gibt es zunehmend auch Vereinigungen oder Interessengemeinschaften von Reitern, die ihre Pferde selbst betreuen oder ganz bestimmte Rassen bevorzugen – beispielsweise Isländer, Fjordpferde, Connemaras, Quarter Horses, Camarguepferde, Paso Finos und viele andere. Zu diesen Kreisen findet Ihr Kind am ehesten Zugang, wenn es sich vom Reitstall unabhängig gemacht hat und sich beispielsweise um ein Adoptiv- oder Mietpferd kümmert. Einige dieser Vereinigungen erteilen auch Reitunterricht. Die Adressen finden Sie in Fachzeitschriften.

In diesem ersten Hauptteil unseres Ratgebers haben wir versucht, so viele Beschäftigungsmöglichkeiten mit *fremden* Pferden aufzuzeigen, wie uns nur eben einfielen. Das Reiten ist mittlerweile ein recht verbreiteter Volkssport geworden. Das heißt aber nicht, daß es das allenthalben schon ist oder daß man überall unter verschiedenen Formen des Reitens – auf großen oder kleinen Pferden, im Reitstall oder im Gelände – wählen kann. Wer kein eigenes Pferd hat, muß sich dem anpassen, was er findet. Daß man eine Menge finden kann, haben wir Ihnen gezeigt. Manchmal muß man intensiv suchen, eine kleine Anzeige in die Tageszeitung setzen oder alle Schauen und Reitertage der Umgebung besuchen – aber es ist kaum vorstellbar, daß ein wirklich pferdenärrisches Kind in unserer Zeit nicht einen Weg zu Pferden findet!

Vielleicht kommen beim Lesen unternehmungslustige Eltern aber auch selbst auf Ideen, wie man sich mit einigen anderen zusammenschließen und organisieren könnte? Eigeninitiative ist meist erforderlich.

Zum Ausklang dieses Teiles, der vom Reiten fremder Pferde handelt, noch eine kurze Bemerkung zu der häufig gestellten Frage, ob es denn überhaupt lohne, ein Kind ein paar Reitstunden nehmen zu lassen. Wir sind überzeugt davon, daß es sich lohnt! Ob Sie ihm – aus welchen Gründen auch immer – nie ein eigenes Pferd kaufen werden, ist nicht so wichtig. Ihr Kind hat *jetzt* Freude am Reiten, es gewinnt eine sinnvolle Freizeitbeschäftigung, und es hat im Alter von zehn bis vierzehn Jahren auch noch Zeit für sein Hobby. Reiten gehört zu den wenigen Sportarten, die man in jedem Lebensalter wieder aufnehmen und bis ins hohe Alter mit Genuß betreiben kann. Was Ihr Kind *jetzt* lernt, kommt ihm vielleicht später zugute, wenn die eigenen Lebensumstände ihm gestatten, sich dem Reiten ausgiebiger zu widmen, sich gar doch das ersehnte Pferd zu kaufen.

DAS EIGENE PFERD

Ein Wort an die Eltern: Sind Ihre Kinder den bis hierhin beschriebenen Weg über das erste Kennenlernen in den Reiterferien, frühen Voltigier- und anschließenden Reitunterricht in einem ausgesuchten Reitverein gegangen, haben sie erste eigene Verantwortung mit einem „adoptierten" Pferd gewonnen, so wird der Wunsch nach einem eigenen Pferd keine Überraschung für Sie sein. Und je mehr Sie sich in den Jahren des Lernens mit Ihrem Kind über seine Liebhaberei unterhalten, je genauer Sie es dabei beobachtet haben, um so leichter fällt Ihnen nun die Entscheidung. Sie sind ja gemeinsam mit Ihrem Kind schon ein bißchen Fachmann geworden und wissen, ob Sie sich die Belastung, die der Besitz eines eigenen Pferdes neben der Freude mit sich bringt, zumuten wollen.

Vielleicht haben Sie aber dieses Buch gekauft, weil Ihr Kind Sie plötzlich und ohne lange Vorbereitung mit dem Wunsch nach einem eigenen Pferd bedrängt. Pferdenarren können sehr hartnäckig sein; sie versuchen, die ganze Umgebung einschließlich der näheren und weiteren Verwandtschaft und aller erreichbaren Bekannten anzustecken. Von den Sonntagsausflügen an die Koppeln sprachen wir schon; Besuche in Reitschulen, auf Ponyhöfen, von Pferdeveranstaltungen und Schauen folgen – alle erbettelt, hartnäckig oder listig herbeigeführt. Aus zufälligen Begegnungen werden regelmäßige Besuche; die Kinder machen sich selbständig, kennen sich bald in Verkaufsställen aus, studieren Anzeigen in der Zeitung, fahren hin. Und dann wünscht sich der Pferdenarr – vielleicht sogar zusammen mit den überredeten Geschwistern – ein Pferd. Zu Weihnachten (die nächsten zehn Weihnachten eingeschlossen, Ehrenwort), zu den Geburtstagen (auf Jahre hinaus) und für „gute Taten" wird nur eins gewünscht: das Pferd. Womöglich ein

ganz bestimmtes, das die Kinder bereits täglich besuchen, das ihnen schon entgegenwiehert.
Es gibt Umstände, die die Erfüllung eines solchen Wunsches von vornherein ausschließen. Zunächst selbstverständlich Ihre finanzielle Situation. Wir kommen darauf gleich zu sprechen und geben Ihnen nähere Einzelheiten dazu im Abschnitt „Mit welchen Kosten muß der Pferdehalter rechnen?" (siehe Seite 88). Andere Umstände erschweren die Erfüllung des Wunsches so sehr, daß es den Eltern keine Mühe macht, auch die Kinder davon zu überzeugen: zum Beispiel sehr schlechte Noten in der Schule, keine Unterstellmöglichkeiten in stark industrialisierten Gegenden und ähnliches. Daß ein Pferd nicht auf dem Balkon im siebten Stock eines Großstadtwohnblocks gehalten werden kann, leuchtet auch den Pferdeverrückten ein.
Aber in weiten Teilen unseres Landes wäre es eben möglich, wenn, ja wenn die Eltern nur wollten! Der Großvater, der früher vielleicht Pferde besaß oder mit ihnen arbeitete, ist heimlich längst gewonnen; er kundschaftet schon in aller Stille Weiden und Stall aus und schenkt den überglücklichen Enkeln ein nagelneues Stallhalfter. Wie können die Eltern noch nein sagen, zumal dann, wenn Großvater und Enkel gemeinsame Ersparnisse vorzeigen, die fast zum Pferdekauf reichen? Wie schnell ist dann ein Pony gekauft! Die Kinder sind zufrieden, selbst wenn es nicht das Traumpferd ist, das vielleicht nicht verkäuflich war, und glücklich nehmen sie den neuen Hausgenossen in Empfang.
Von nun an kann alles gutgehen: Selbst die Überraschungen, die sich noch lange Zeit fast täglich einstellen werden und die meist nicht ganz angenehm sind, werden vom Enthusiasmus der Kinder im Verein mit Opas tatkräftiger Hilfe gemeistert.

So *kann* es kommen; aber nach übereilten Käufen kommt es nur selten so. Besser ist es, den neuen Hausgenossen einzuplanen, *ehe* er da ist, und Für und Wider sorgsam zu überlegen. Seit Opas letztem Gnadenbrotpferd, dem treuen Kaltblüter Hans, sind doch etliche Jährchen vergangen, in denen die Kraft des alten Herrn auch nicht wuchs; die Neuerwerbung ist überdies ganz anders als der gute Hans, will anders behandelt und versorgt werden; und wenn nicht alle Voraussetzungen gut geplant sind, wird den Kindern die Arbeit bald lästig. Die stolzen Ponybesitzer sind einfach noch zu jung und unerfahren; bald tauchen Probleme über Probleme auf. Man fragt sich entmutigt, was man denn alles falsch gemacht hat: Das Pferd scheint nicht das richtige zu sein, der Zaun auch nicht, im Stall ist immer alles schmutzig, der Mist – wohin damit? – türmt sich zu einem Berg ... Das sah im Fernsehen nie so aus! Kurz: Um mit einem eigenen Pferd glücklich zu werden, muß man sich vor dem Kauf gründlich über alles unterrichten, was auf einen zukommt – ganz besonders gründlich, wenn es sich um ein Pferd für ein Kind handelt.

Was tun, wenn ein Kind sich ein Pferd wünscht?

Da an ein prinzipielles Nein wohl nicht gedacht ist (Sie hätten es sonst ausgesprochen, ohne dieses Buch zu lesen), wäre nun der Familienrat wieder einmal fällig. Zu ihm zählen alle Familienmitglieder ab Schulalter und die Eltern. Diese hören sich die Vorstellungen der Kinder am besten ohne Kommentar an, um herauszufinden, *weshalb* es denn unbedingt ein eigenes Pferd sein soll.

- Sind die Kinder im Reitstall unglücklich?
- Möchten sie ein eigenes Pferd, weil auch die Freunde eines haben?
- Möchten sie dringend an Wettkämpfen teilnehmen und reichen dazu die Schulpferde nicht aus?
- Sehnen sie sich als Tierfreunde einfach nach etwas, das lebendig ist und Kamerad sein kann – würde es ein Hund dann auch tun?

Ob Ihre Kinder sich leicht für eine Liebhaberei begeistern und sie dann genauso rasch wieder fallenlassen, wissen Sie als Eltern ja schon; in diesem Falle erübrigt sich jede Diskussion, denn die Anschaffung eines Pferdes ist mit zuviel Geld, Mühe und Verantwortung verbunden, um sie als nur vorübergehenden Spaß anzusehen.
Bei echter Begeisterung aber – Sie erkennen sie an der Intensität, mit der sich die Kinder dem Thema widmen, Erzählungen, aber auch Sachbücher lesen, Informationen zusammentragen und sich über die Möglichkeiten der Pferdehaltung bis ins einzelne unterrichten – ist es sicher sinnvoll, gemeinsam alle anstehenden Probleme zu erörtern.
Am problemlosesten ist es, wenn Ihr Kind an Wettkämpfen teilnehmen oder sich auf einem eigenen Pferd in der Reitschule reiterlich weiterbilden möchte und Sie diesen Wünschen wohlwollend gegenüberstehen. Sie werden dann mit Hilfe des Reitlehrers, der die Fähigkeiten Ihres Kindes kennt, ein passendes Warmblutpferd kaufen und es in einer Box des Vereins unterstellen, wo es auch versorgt wird. Ihr Kind reitet dann wie bisher, nur auf eigenem Pferd, weiter. Sie wissen also genau, was auf Sie zukommt. Auch reicht das fachliche Wissen, das Sie und Ihr Kind sich bisher im

4 10148-8

Verein aneigneten, aus, Sie für das Abenteuer des Pferdebesitzes zu wappnen.
Ob Sie diesen Weg gehen, ist eine Frage der inneren Einstellung und des Geldes. Um letzteres vorwegzunehmen: Das Unterstellen von Pferden in Boxen kostet, je nach Art und Lage des Vereins und der Leistungen – beispielsweise außer Füttern und Pflegen noch Einzelunterricht oder Förderung des Pferdes – circa vier- bis achthundert Mark im Monat, zuzüglich Kosten für Versicherung, Tierarzt, Schmied, Transporte zu Turnieren und so weiter.
Was die innere Einstellung betrifft, so gibt es heute bei uns Reiter, die im Verein mit Halle und Platz ihr Pferd arbeiten, und andere, die ihr Pferd in eigene Pflege nehmen und es am liebsten im Gelände reiten möchten – und natürlich solchen, die von beidem etwas tun. Zum besseren Verständnis schildern wir Ihnen kurz die Entwicklung der Reiterei im deutschsprachigen Raum.

Reiten und Pferdehaltung waren in diesen Ländern bis zum letzten Krieg weithin von den Traditionen und dem praktischen Gebrauch des Pferdes beim Militär und in der Landwirtschaft geprägt. Nach dem Krieg wurde das Altgewohnte leicht abgewandelt für das, was nun eine neue Tradition begründete: den Sport auf den Turnierplätzen. Darauf spezialisierten sich die offiziellen Organisationen der Reiterei, die für die Ausbildung von Reitlehrern und die Ausschreibung von Turnieren verantwortlich sind. Nach diesen Richtlinien wird auch in den meisten Vereinen gelehrt und geritten, deren Mitglieder ohne große sportliche Ambitionen in der Freizeit reiten.
Neben dieser Art des Reitens und der Pferdehaltung hat sich zunächst langsam, dann immer schneller, eine andere

Auffassung vom Reiten entwickelt, die das Pferd in den eigenen Lebensbereich einbezieht. Jene Länder der Welt, deren Reittraditionen nicht in der Kavallerie begründet sind – wir nennen als Beispiel nur die USA mit der Pioniertradition –, sind uns darin vorangegangen. Sie züchten und halten handliche, charakterlich gefestigte, brave Pferde nach persönlichem Geschmack, die nicht danach ausgesucht werden, wie hoch sie springen können oder wie sehr sie sich zur Dressur eignen, sondern danach, wieviel Entspannung sie dem Normalreiter geben und wie problemlos sie sich der Haltung beim Haus einfügen.

Heute gibt es auch im deutschsprachigen Raum Reitpferde mit Widerristhöhen ab 135 Zentimetern: Welshponys, Connemaras, Isländer, Fjordpferde, Haflinger, New Forests – und so weiter, bis hin zum klein gebliebenen deutschen Warmblüter. In dieser reichen Palette finden Sie, wenn Sie ein Pferd in eigene Regie nehmen möchten, am ehesten das passende Pony für Ihr Kind.

Wollen Sie sich also aus finanziellen Gründen oder solchen der inneren Einstellung nicht zum Stallpferd im Verein entschließen, wird eine weitere grundsätzliche Überlegung notwendig: Ganz ohne elterlichen Einsatz geht es nun nicht mehr! Selbst das kleinste Pony, untergestellt beim Bauern, ist in Ihre Verantwortung gegeben, denn kein Kind kann allein mit allem fertig werden, was der Besitz eines so großen, stabilen, dabei krankheitsanfälligen und in ein Netz von Verordnungen und Vorschriften eingespanntes Tieres mit sich bringt. Von nun an müssen Sie nicht nur das Engagement Ihres Kindes prüfen, sondern sich auch darüber klarwerden, welche zusätzlichen Belastungen Sie selbst auf sich nehmen wollen. Der Besitz eines oder mehrerer eigener Ponys oder Pferde gestaltet sich um so leichter, je größer das Interesse der ganzen Familie daran ist. Betrachten wir das nun im einzelnen.

Welche Pferdehaltung ist wo möglich?

Zur Beantwortung dieser Frage ist Ihr Wohnort entscheidend. Das Hochhaus in der Großstadt schlossen wir bereits aus. Für die Hochhauskinder wird es wohl beim Pferd im Reitstall und dem bewährten Trost bleiben, daß man sein ganzes Leben lang reiten kann und die Umstände es später vielleicht ermöglichen, ein Pferd zu halten. Bis dahin kann man sich durch gezielte Lektüre darauf vorbereiten.

So bleiben:

- die Wohnung am Stadtrand, mit Blick auf vielleicht ungenutzte oder mitzubenutzende Weiden eines Bauern;
- ein Haus in der Kleinstadt oder im Dorf mit eigenem Grund, der zum Weiden genutzt werden könnte, mit Bauernnachbarschaft oder mit Pachtmöglichkeit in der Nähe;
- Haus oder Wohnung auf dem Lande.

In den ersten beiden Fällen ist es für die Pferdehaltung günstig, wenn Eltern und Kinder kontaktfreudig sind und mit Bauern Freundschaft schließen können. Da muß man schon mal am Sonntagmorgen zum Frühschoppen gehen, am Zaun mit dem Nachbarn sprechen und meist vorhandenes Mißtrauen langsam abbauen. Je genauer Sie wissen, was Sie für Ihr Pony – denn ein solches sollte es als Erstbe-

sitz eines Kindes sein – brauchen, um so leichter gehen die Verhandlungen vonstatten:
Ein robustes Pony – zwischen 130 und 150 Zentimeter groß – benötigt zu seinem Wohlergehen ganzjährig etwa einen viertel bis halben Hektar Weide, falls es sie allein beweidet. Hält der Bauer Rinder, so gilt die von erfahrenen Bauern selbst aufgestellte Faustregel, daß bei je sieben Rindern ein Pony mitlaufen kann. Noch günstiger ist es für den Bauern, wenn er die Ponys *nach* den Rindern auf die Weide läßt: Pferde fressen sehr gern Gras, das auf dem Kot der Rinder wächst und das, weil die Rinder es verschmähen, beim Abtrieb in hohen, sattgrünen Büscheln stehenbleibt und dann gemäht werden müßte. Umgekehrt stürzen sich Rinder und Kühe auf die Geilstellen, die Pferde dort stehenlassen, wo auf ihrem Mist Gras nachwächst. Das erspart dem Bauern Arbeit.
Manche Bauern stehen dem Vorschlag, Pferde und Kühe zusammen grasen zu lassen, mißtrauisch gegenüber; sie befürchten, die Pferde könnten die Rinder jagen. Das trifft aber nur auf stallgehaltene Pferde zu, die ihren Stallmut austoben möchten. Pferde denken gar nicht ans Jagen, wenn sie ganzjährig draußen sind und Tag und Nacht mit Kühen grasen.
Außerdem brauchen Pferde eine immer zugängliche dreiseitig geschlossene **Schutzhütte**, die zugfrei und sauber sein muß; sie suchen sie im Sommer als Schutz vor Hitze und Fliegen, in der übrigen Zeit vor allem bei scharfem Wind auf. Gegen Kälte schützen sich draußen gehaltene Pferde durch ein dichtes Fell.
Achtung: Manche Landwirte sind es von früher her, als die Pferde noch ganztags arbeiteten, gewöhnt, sie einfach zu Kuh und Schwein in den oft dunklen, muffigen und viel zu

warmen Stall zu stellen. *Das ist grundfalsch!* Pferde brauchen viel Licht und Luft und Bewegung: Ihre Lunge ist sehr anfällig gegen feuchte Wärme und muffige Luft.

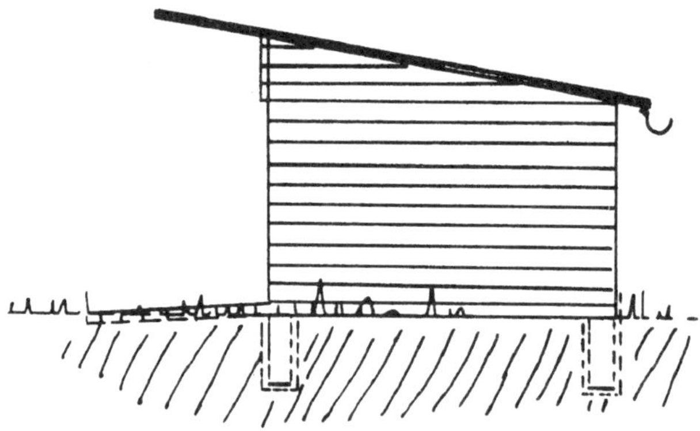

Die Schutzhütte muß auf drei Seiten geschlossen, zugluftfrei und sauber sein

Viel zu viele Pferde, auch im Privatbesitz, stehen tagelang im Gefängnis enger Boxen und kommen kaum je ins Freie. Was Wunder, daß sie dann die verkrampften Glieder zu lösen versuchen durch Buckeln und Umherspringen und Laufen! Bei weidegehaltenen Pferden mit Offenstall kommt das selten vor – ein Gesichtspunkt, der auch wegen der Sicherheit Ihres Kindes ausschlaggebend sein sollte.
Ein zugluftfreier Weideschuppen, eine frei begehbare, ebenfalls zugluftfreie Scheune sind für Pferde besser als die schönste Box.
Der Landwirt, bei dem Sie ein Pferd in Pension geben, sollte für stets frisches Wasser sorgen und im Winter Heu und Stroh zufüttern. Jede Art von weiteren Abmachungen ist

natürlich möglich: Braucht das Pferd Kraftfutter, so ist über die Menge und den Preis für die zusätzliche Versorgung zu verhandeln. Immer im Preis eingeschlossen sollte es sein, daß der Landwirt ein Auge auf das Pferd hat und gegebenenfalls von sich aus den Tierarzt ruft – natürlich auf Kosten des Besitzers. Die Pensionskosten für diese Haltungsform sind je nach Gebiet, nach Größe des Pferdes und der ausgehandelten Zusätze unterschiedlich hoch: etwa zwei- bis vierhundert Mark pro Monat.
Wichtig ist auch hier, wie schon einmal betont, daß Ihr Kind Gelegenheit zum gefahrlosen Reiten draußen und Gesellschaft beim Reiten hat.
Um Ärger aus dem Wege zu gehen, fragen Sie den Landwirt nach einer „Stall- und Weideordnung“: Halten Sie darin präzise fest, was Ihr Kind tun darf und was nicht, und was an Eigenleistung erwartet wird – beispielsweise die Fell- und Hufpflege.
Bei eigenem oder gepachtetem Grund und Boden ist die Eigenhaltung des Pferdes möglich (siehe Seite 52). Viele Besitzer, vor allem von naturnah gehaltenen Robusten aller Rassen, schwören auf das Pferd „hinterm Haus“. Hier geht es nun ganz und gar nicht mehr ohne die Eltern, denen – trotz des guten Willens des Kindes – die Hauptarbeit obliegt. Ein Pferd muß regelmäßig versorgt werden. Es muß unbedingt freien Zugang zu frischem Wasser haben; das kann bedeuten, daß ein Elternteil mehrmals täglich mit dem Eimer auf die Weide geht, dort einen Bottich nachfüllt oder gegebenenfalls die Selbsttränke kontrolliert. Ferner muß das Pferd pünktlich gefüttert werden: Bei Zugabe von Kraftfutter mindestens zweimal täglich immer um die gleiche Zeit. Und die meisten Kinder können das alles eben schon wegen des Schulbesuches nicht selbst machen.

Hinzu kommt, daß Pferden und vor allem Ponys, die sich langweilen, gern Unfug einfällt: Sie springen über den Zaun oder rollen sich darunter durch, stehen im eigenen oder im Nachbarsgarten, gehen auf Wanderschaft ... In all diesen Fällen müssen die Eltern sich um das Tier kümmern: müssen es zurückbefördern, den Zaun wenigstens provisorisch reparieren und so weiter.
Die Pferdehaltung in eigener Regie hat viele Vorteile und wird von den Kindern enthusiastisch begrüßt werden: Man ist freier im Umgang mit den Tieren, kann sie vor dem Schlafengehen noch besuchen, lernt ihren Charakter besser kennen, freundet sich inniger mit ihnen an – aber sie hat auch die schon erwähnten und noch zu erwähnenden Nachteile des größeren persönlichen Einsatzes der Erwachsenen. Sind diese selber von Natur aus Pferdefreunde oder sind sie es im Verlauf der reiterlichen Entwicklung ihrer Kinder geworden, wird der Einsatz gerne geleistet, wie viele Tausende von Haushalten mit eigenen Pferden beweisen. Nur muß man sich von vornherein über die Belastungen im klaren sein.

Welches Pferd kommt in Frage?

Dieses Buch möchte Sie immer im Hinblick auf die Bedürfnisse Ihres Kindes beraten, wobei wir primär davon ausgehen, daß Sie selber nicht reiten. Handelt es sich nun um das erste Pferd Ihres Kindes, so können wir Ihnen nicht dringend genug zu einem robusten, ruhigen Tier mit möglichst wenig Ansprüchen an die Haltung raten! Zwar läßt sich jedes Pferd, das nicht dauernd im kommerziellen oder sportlichen Einsatz steht, ganzjährig im offenen Stall oder in solider Schutzhütte auf ausreichend großem Weidegrund halten, doch sind mittelgroße, etwa 130 bis 150 Zentimeter große Pferde naturnaher Rassen für diese Haltung eher geeignet als empfindlichere größere Tiere oder solche mit Einkreuzung von Vollblut oder Araberblut. Pferde naturnaher Rassen sind meist auch im Temperament gelassener, und auf ein ganz ruhiges, ausgeglichenes, vernünftiges Temperament sollte es Ihnen für Ihr Kind zuallererst ankommen! Das hat nichts mit Faulheit zu tun; wir kennen genügend hochgezüchtete, nervöse, irrtümlich als „temperamentvoll“ angesehene Pferde, die unter dem Sattel nach kurzer Zeit faul und lustlos sind.

Für Kinder und Heranwachsende sollten Sie unbedingt ein Pony kaufen. Stellen Sie sich darunter bitte nicht ein winziges Shetlandpony vor: Im deutschen Sprachbereich wird alles als Pony bezeichnet, was bis zu 148 Zentimeter groß ist. Für Eltern und Kinder, die ein Pferd in volle Eigenpflege und -versorgung nehmen, ist das reichlich groß genug! Ponys bringen, da sie überwiegend im Verband kleiner Herden oder jedenfalls mehrerer Stuten und Fohlen im Freien aufwachsen, eine gute Gesundheit mit und haben sich bereits jene Unterordnung unter den Herdenboß oder ranghöhere Pferde angewöhnt, die die Anpassung an den Menschen (auch den kleinen) erleichtert. Durch den steten Kontakt mit ihresgleichen sind sie auch nicht so empfindlich gegen Menschenhände oder -bewegungen, nehmen die Ungeschicklichkeit der Anfänger nicht so krumm.

Eine sehr bewährte Faustregel sagt: „Dem jungen Reiter ein altes Pferd, dem jungen Pferd ein alter Reiter.“ Halten Sie sich daran, so kommt ein zu junges Pferd für Ihr Kind ebensowenig in Frage wie eines, das noch nicht fertig eingeritten ist. Junge Pferde sind selbst noch Kinder – sie wissen nicht, was von ihnen erwartet wird, erschrecken vor allem Unbekannten und ergreifen die Flucht, sind auch oft aus Übermut und schierer Lebensfreude kaum zu bändigen. Je jünger Ihr Kind ist, um so älter und vernünftiger sollte das Pony sein. Hat es vorher schon in einer anderen Familie ein paar Jahre kleinere Kinder zur Zufriedenheit der Eltern getragen, sollte es Ihnen einen Extrapreis wert sein.

Der Versuch, ein Pony von einem Kind einreiten zu lassen, geht fast immer schief. Es gibt zwar das seltene Musterexemplar, das sozusagen von selbst unter dem Sattel geht, aber es bleibt die Ausnahme.

Ganz schlimm ist es, wenn Ihnen ein zwei- bis dreijähriges Pony als bereits „eingeritten" angeboten wird. Lassen Sie die Hände davon! Kein Pony sollte eher als frühestens mit vollendetem dritten Lebensjahr – Isländer erst mit fünf Jahren – eingeritten werden; vorher ist es noch ein Pferdekind. Der zu frühe Gebrauch schadet Knochen und Sehnen, das Pferd ist für Sie nicht mehr gesund genug.

Suchen Sie also nach einem soliden, munteren Pferd einer gut bekannten Robustrasse, am besten zwischen acht und fünfzehn Jahre alt. Es sollte auch für ein jüngeres Kind nicht zu klein sein, weil Kinder in diesen Jahren schnell wachsen und dann über das Pony hinauswachsen. Ein stabiles Pony ab 135 Zentimetern aber können sie später auch als Erwachsene noch reiten.

Etwas anders liegt die Sache, wenn Sie einem jüngeren Kind, dessen größere Geschwister schon Ponys haben, sehr früh auch ein Pony schenken möchten. Es ist dann bereits einige Pferdeerfahrung vorauszusetzen; das Kind ist vertraut mit Pferden. Sie können für Kinder von vier bis zehn Jahren unbesorgt ein gutgerittenes Shetty oder Dartmoorpony kaufen, oder für Kinder von sechs bis zwölf Jahren ein kleineres New-Forest-Pony. Das gleiche trifft zu, wenn sich die Eltern sehr viel um ein reitendes Kleinkind kümmern und zum Beispiel mit Kind und Shetty lange Spaziergänge unternehmen. In diesem Falle ist es nur noch ein weiterer Schritt dahin, das Pony vor einen kleinen Wagen zu spannen und gemeinsame Fahrten zu machen. Solch ein Pony bleibt meist auch noch in der Familie, wenn das Kind für es zu groß geworden ist.

Die Idee, aus Kostengründen oder weil es alle so entzückt, ein **Fohlen** zu kaufen, sollten Sie gar nicht erst aufkommen lassen. Nichts paßt weniger zusammen als ein Kind und ein Fohlen: Beide bedürfen der Aufsicht, der sorgsamen Erziehung, des sehr verständnisvollen Erwachsenen. Kleine Hunde tollen gern mit kleinen Kindern herum; man kann sie getrost miteinander aufwachsen lassen. Doch ein Hund ist grundverschieden vom Pferd. Ein Hund wächst mit Geschwistern in einem „Nest“ auf; seine Knochen sind weich, sie passen sich dem Knäuel von Welpen an, die da übereinander und untereinander und nebeneinander im Körbchen liegen – sie passen sich auch dem Kind an, das den Hund auf den Schoß nimmt. Ein Welpe muß sich mit den anderen arrangieren und nimmt einen Knuff nicht übel; er ist gewohnt, dauernd mit den Geschwistern zu balgen und balgt sich auch mit dem Kind voll Wonne. Ganz anders das Fohlen. Es ist – wir sagten es schon – ein Fluchttier, seine Knochen sind hart und kräftig, es kennt keine Balgerei und mißversteht die Aufforderung Ihres Kindes zum Spiel; es ist sehr selbständig und ordnet sich nur der manchmal recht nachdrücklichen Mutter unter – für Ihr Kind sind seine Regungen und spontanen Bewegungen viel zu gefährlich. Mag es also noch so preiswert und süß sein: Hände weg!

Übrigens täte man auch dem Fohlen damit nichts Gutes. Seine Aufzucht setzt Spezialkenntnisse beim Halter voraus; es braucht unbedingt die Gesellschaft gleichaltriger anderer Fohlen und sehr viel Auslauf.
Bedenken Sie auch, daß das niedliche Fohlen drei Jahre lang herumläuft, ohne genutzt werden zu können. Bringt Ihr Kind so lange die Freude an einem Geschöpf auf, das draußen auf der Weide ein Eigenleben führt, nicht mit ihm spielen, wohl aber versorgt werden will und nicht geritten werden kann? Und bringen Sie die Geduld dazu auf?
Hengste sind ebenfalls unter gar keinen Umständen für Kinder und Jugendliche geeignet. Temperament, Ungestüm und Freiheitsdrang eines Hengstes überfordern oft schon den erwachsenen Reiter – wieviel mehr erst ein Kind! Außerdem wird der sanftmütigste Hengst unberechenbar, wenn er eine rossige Stute wittert. Die Kraft seines Naturtriebes ist dann viel stärker als jede Maßnahme des verzweifelten Kindes!
Stuten sind umgänglicher; einige wenige sind während der Rosse, der Zeit der Paarungsbereitschaft, schwierig und unleidlich. Stuten werden häufig Wallachen vorgezogen, weil im Kopf des Käufers die Vorstellung herumspukt, die Stute könne hin und wieder ein Fohlen bringen. Tragende und später säugende Stuten sind aber keinesfalls zuverlässige Gebrauchstiere – vor allem nicht für Kinder. Während der Trächtigkeit und später aus Sorge um ihr Fohlen leicht gereizt, können sie Menschen und anderen Pferden gegenüber mitunter unberechenbar sein. Während der Trächtigkeit muß man beim Reiten Rücksicht nehmen; und mit dem Fohlen bei Fuß kann man gerade Kinder die Stuten nicht gefahrlos reiten lassen.
Wallache dagegen sind die idealen Kinderpferde: geduldig,

umgänglich, ausgeglichen und immer bereit zum Gebrauch. Natürlich gibt es auch lammfromme Hengste und Stuten sowie rappelige Wallache; im allgemeinen aber gilt das hier Gesagte.
Am wenigsten sollten Sie ein Pferd nach dem Aussehen kaufen; Charakter, Gesundheit und Eignung für diesen speziellen Zweck sind vorrangig.
Kaufen Sie niemals ein schwieriges, verdorbenes Pferd, einen Beißer, Schläger oder Durchgänger! Auch wenn das Pferd „fast geschenkt" ist – für Ihr Kind ist es zu teuer. Selbst ein guter jugendlicher Reiter ist einem schwierigen Pferd auf die Dauer nicht gewachsen.

Wir fassen zusammen: Für Kinder und Heranwachsende eignen sich bei Eigenhaltung am besten Ponys jener robusten Rassen, die zwischen 130 und 150 Zentimeter hoch, an Offenstallhaltung gewöhnt und von gelassenem Temperament sind; Wallache werden bevorzugt. Unsere Umwelt wird von Tag zu Tag unnatürlicher: Sie ist auf Autos eingerichtet, nicht mehr auf Pferde. Halten Sie alle bestehenden Gefahren so gering wie möglich, indem Sie für Ihr Kind hektische, unsichere, zu junge oder zu schreckhafte Ponys ablehnen – mögen sie auch noch so hübsch oder billig sein. Möchte Ihr Kind mit seinem Pony an Turnieren und Wettbewerben teilnehmen, gehört es sicher einem Reitverein an oder hat einen Reitlehrer, der Sie beraten kann. Vielleicht empfiehlt er Ihnen einen „eleganteren" Typ, etwa eine Araberkreuzung. Wir möchten Ihnen raten, auch dieses Pony möglichst viel auf die Weide zu schicken und es möglichst wenig in die Box zu sperren: Je höher der Vollblutanteil ist, um so entspannter sollte man die Ponys halten – und sei es nur um der Sicherheit des Kindes willen.

Für den Fall, daß Ihr Kind jahrelang den mehrfach geschilderten Ausbildungsweg vom Voltigieren über das Bahnreiten bis zur Betreuung eines adoptierten Pferdes gegangen ist, brauchen Sie bei der Wahl des eigenen Pferdes nicht mehr so sicherheitsbedacht sein: Erfahrene jugendliche Reiter sind manchmal sehr geduldig und geschickt beim Zureiten junger Ponys, die aber *niemals* jünger als drei Jahre sein sollten.

Wie wird das eigene Pferd gehalten?

Von den Mindestanforderungen robuster Pferde sprachen wir schon: ein viertel bis ein halber Hektar Weide plus Heu und Stroh im Winter plus frei zugänglicher Offenstall. Wenn Sie bei der Beratung im Familienkreis diese an den Bauern gestellten Forderungen nun an sich selbst stellen, bedenken Sie das folgende: Der Landwirt verfügt meist über zusammenhängende, eingezäunte, mit Wasserzufuhr versehene Weiden, die er regelmäßig für den eigenen Bedarf düngt und gelegentlich abschleppt, wobei der Mist verteilt wird.

Können Sie ähnliche Weiden für Ihr Pony pachten, bleibt Ihnen immer noch die Düngung und die Reinigung der Weiden überlassen: zwei Tätigkeiten, die unerläßlich sind, wenn die gepachteten Flächen auf lange Zeit gutes und ausreichendes Futter liefern sollen. Die verschiedenen Düngungen erfolgen mehrmals jährlich; der Mist muß regelmäßig – mindestens einmal wöchentlich – mit Schaufel und Karre entfernt werden.

Gleich hier möchten wir Sie nach den Erfahrungen jahrzehntelanger Praxis vorwarnen: Ponys bleiben meist nicht lange allein! Entweder schaffen Sie selbst für ein weiteres Familienmitglied noch ein Pferd an, oder es kommt eine Freundin, ein Freund Ihres Kindes und möchte auch ein Pony unterstellen – was sowohl den Vorteil hätte, daß das Pony nicht mehr allein ist, als auch den, daß Ihr Kind nicht mehr allein arbeitet und reitet. Kalkulieren Sie das im Familienrat bei den anfallenden Arbeiten und bei der Größe der vorhandenen oder zu pachtenden Grundstücke gleich mit ein – spätere Vergrößerungen stoßen oft auf Schwierigkeiten.

Da in den regenreichen Spätwintermonaten und während des Weidewachstums im März die Weiden geschont werden sollten, Ihre Pferde aber Auslauf brauchen, planen Sie am besten gleich einen mindestens acht mal zehn Meter großen, teilweise befestigten **Auslauf** mit ein. Grundsätzlich gilt die Regel: je mehr Ponys, um so mehr Auslauf und Hüttenraum; je schlechter die Bodenqualität, um so mehr Weideland.

Mit dem oft gehörten „Auslauf im Garten" kommt nur ein Shetlandpony aus, und auch für dieses müssen mindestens tausend bis zweitausend Quadratmeter nebst einer kleinen Schutzhütte zur Verfügung stehen. Das Pferd, das sich als Rasenmäher betätigt und dabei satt wird, können Sie vergessen.

Nun ist es aber ein Glücksfall, wenn Sie genügend eingezäunte Weiden pachten können oder besitzen. Meist kann man irgendwo Ödland oder sonstige brachliegende Flächen bekommen. Bedenken Sie, daß Sie in diesem Falle erst einmal **Zäune** erstellen müssen – und zwar nicht nur rund um einen ausreichend großen Komplex herum, sondern auch zu dessen Unterteilung. Pferde grasen nämlich selek-

tiv, das heißt, sie suchen sich die besten Stellen aus und lassen weniger gut schmeckendes Gras stehen – mit dem Ergebnis, daß die Weide bald aussieht, als seien die Motten drin; die Pferde sind im Handumdrehen zu fett und rühren den Rest nicht mehr an. Wir müssen sie leider zwingen, vernünftiger zu speisen, indem wir ihnen kleine **Portionsweiden** zuteilen. Und jede dieser Parzellen muß mit Frischwasser versorgt werden!
Werden Sie die großen Weiden des Landwirts meist mit preiswertem **Stacheldraht** eingezäunt sehen, so denken Sie bei Ihren kleineren Weiden am besten gar nicht erst daran. Für Kühe, die weniger schreckhaft und verspielt sind, deren Haut weniger empfindlich ist, genügt Stacheldraht; Pferde hingegen rennen aus Angst oder im Spiel in den Zaun, verhaken sich in den Stacheln und reißen sich blutige Wunden, wobei es häufig geschieht, daß Sehnen oder gar Muskelstränge durchgerissen werden.

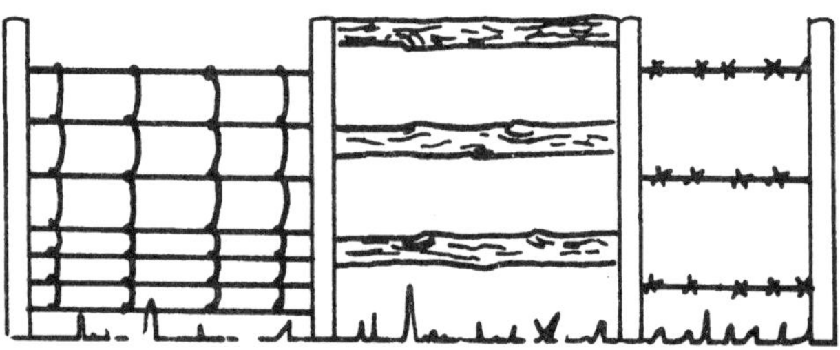

Knotengitter *Schwartenzaun* *Stacheldraht*

Kalkulieren Sie also schon bei der Vorplanung anderes ein. **Knotengitter** und **Maschendraht** sind sehr teuer; glatten **Spanndraht** leiern Pferde bald aus, wenn sie – was sie regelmäßig tun – den Kopf hindurchstecken, um das Gras am

Wiesenrand zu naschen. Außerdem bringen all diese Drahtumzäunungen große Verletzungsrisiken mit sich. Ganz gewissenhafte Pferdebesitzer koppeln ihre Weiden mit **Stangen** oder **Schwarten** ein; das sieht wunderbar aus, ist aber in der Anschaffung ebenfalls teuer und verlangt regelmäßige Pflege, unter anderem den Anstrich mit Karbolineum, da die Pferde das Holz sonst anknabbern. Handelt es sich um kleine Weiden für ein oder zwei Ponys, sollte man die teureren Einzäunungen dennoch in Erwägung ziehen; es sind einmalige Anschaffungen, die dem Halter viel Ärger und zusätzliche Kosten in späteren Jahren ersparen.

Ponys scheuern sich gerne an den Zaunpfosten und drücken sie dabei um. Ein **Elektrodraht**, der innen über Isolatoren entlanggezogen und von einem Batteriegerät mit Strom versorgt wird, hindert sie daran.

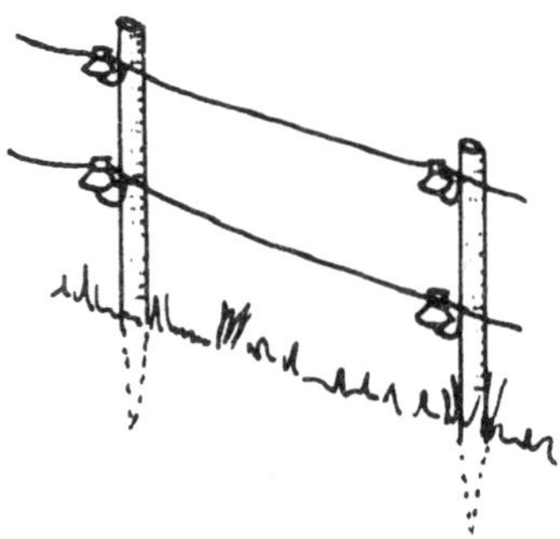

Elektrozaun

Wenn Sie schon ziemlich genau wissen, wo Ihre künftigen Weiden liegen und wie sie eingezäunt werden sollen, prüfen Sie bitte den Zustand des Bodens: Steht bereits gutes Gras darauf? Muß neu eingesät werden? Das kann nur zum Herbst geschehen, und die Weiden sind dann bis nach dem

5 10148-8

ersten Heuschnitt im folgenden Jahr, also bis Ende Juni, für Pferde tabu; Sie brauchen bis dahin also Ersatzweiden! Muß gedüngt werden? Bitten Sie Ihren bäuerlichen Nachbarn um Rat.

Sind diese Fragen geklärt, kommt die nächste: Wohin mit dem Pferdemist – der, wir sagten es schon, mindestens einmal wöchentlich aufgelesen werden muß? Kann außerhalb des Weidekomplexes, für die Pferde unzugänglich, aber dennoch nicht zu weit von den Weiden entfernt, ein **Komposthaufen** so angelegt werden, daß er Nachbarn nicht stört?

Im Winter müssen Sie Heu und Stroh zufüttern. Rechnen Sie für mittelgroße Pferde mit etwa dreißig Zentnern Heu und erwägen Sie, wo Sie es einlagern sollen. Kaufen Sie ein Pony mit mehr „Blut“, so werden Sie zusätzlich während einiger Wintermonate täglich zwei- bis dreimal Hafer oder Hafermischungen zufüttern müssen; das bindet mindestens ein Familienmitglied dauernd ans Haus.

Außer der Weide, die ihm während des größten Teils des Jahres Futter und Bewegungsraum gibt, braucht Ihr Pony einen festen Schuppen, oder – sind es mehrere Pferde – einen stabilen **Offenstall**. Ehe wir von Bauart und Preisen sprechen, müßten Sie klären, ob dort, wo Sie Weideland besitzen oder pachten können, überhaupt der Bau von Hütten und Scheunen gestattet ist. Die Bauvorschriften sind von Land zu Land verschieden; erkundigen Sie sich – wenn Sie das Risiko, den teuren Stall wieder abbrechen zu müssen, vermeiden wollen – bei der zuständigen Baubehörde nach den Auflagen. Eine Möglichkeit, die zunehmend genutzt wird: Lassen Sie den Bauern, ehe er Ihnen eine Weide verpachtet, für sich einen Offenstall darauf setzen – er hat weniger Schwierigkeiten mit den Behörden.

Und haben Sie die erforderlichen Genehmigungen, so schließen Sie, falls Sie auf Pachtland bauen, einen langfristigen Vertrag mit dem Verpächter ab.

Offenstall mit Raum zur Lagerung von Heu und Sattelzeug

Den Schuppen oder Offenstall können Sie selbst errichten oder bauen lassen; vergessen Sie nicht, einen Raum zur Lagerung von Heu und Sattelzeug gleich mitzubauen.
Denken Sie auch bei der Planung der Unterkünfte samt Nebenräumen daran, daß erwiesenermaßen ein Pferd nicht lange allein bleibt – und ein Pony schon gar nicht. Wenn Sie zu Anfang alles etwas größer entwerfen, kostet es nur etwas Holz und Arbeit mehr – Anbauten sind da viel mühevoller zu errichten.
Liegt der Stall dicht beim Haus, so ist das nur dann bequem, wenn auch die Weiden daran anschließen. Müssen Sie jedesmal die Pferde auf die Weide und wieder in den Stall bringen, so kalkulieren Sie genügend Interessenten für diesen Job ein – solche, die auch im Winter, bei Kälte und Glätte, im Regen und in der Dunkelheit einen halben oder ganzen Kilometer zur Weide stapfen!
Befindet sich die ganze Anlage weiter weg, so achten Sie darauf, daß sie täglich – auch bei anhaltendem Regen oder Schnee – mit dem Auto erreichbar ist, also einen festen Zufahrtsweg hat. Gerade bei ungewöhnlicher Wetterlage muß man täglich nach den Ponys schauen können. Erwünscht,

wenn auch nicht unbedingt nötig, sind Strom- und Wasseranschluß. Bei fehlendem Strom kann man sich mit batteriebetriebenen Lampen helfen; täglich bis zu dreißig Liter Wasser (für ein Pony) heranschleppen zu müssen, ist schon unangenehmer.

Haben Sie bis hierhin gründlich überlegt, reiten Ihre Kinder gar schon seit Jahren und wissen Sie nun einigermaßen, was auf Sie zukommt, so wissen Sie auch, daß es nicht so schwierig ist, wie es bei der Lektüre manchmal klingt, *ein* Pony für ein Kind mit Weide und Hütte auszustatten. Aber fragen Sie sich ganz ernsthaft, ob es bei dem einen Tier bleiben soll oder bleiben wird. Wir kennen fast nur Beispiele wundersamer Ponyvermehrung – und die daraus resultierenden Um- und Anbauten. Bei einigem Überlegen kommt es billiger, gleich für vier Ponys zu bauen, wenn Sie das erste anschaffen.

Wenn möglich, schauen Sie sich bestehende Anlagen und Prospekte für Offenställe an. Sie sind nicht selten billiger als selbstgebaute, falls Sie auf mitgelieferte Blumenbänke und aufwendige Fenster verzichten und statt dessen lieber die Tür aushängen. Bei kleinen Gebäuden kann der Zimmermann die zur Baugenehmigung erforderliche Statik errechnen; bei sehr umfänglichen Bauten muß ein Architekt herangezogen werden. Je nach Landschaft benötigen Sie noch Genehmigungen weiterer Stellen, etwa der Wasserschutzbehörde

Der auf Seite 69 abgebildete selbst zu montierende Fertigstall besteht aus einem frei zugänglichen geschützten Schlaf- und einem offenen Futterteil und reicht für drei große oder vier mittlere Pferde.

So sieht der Fertigbau-Offenstall von der Funktion her aus: Hinter Schlaf- und Futterteil erstreckt sich ein Heulager-

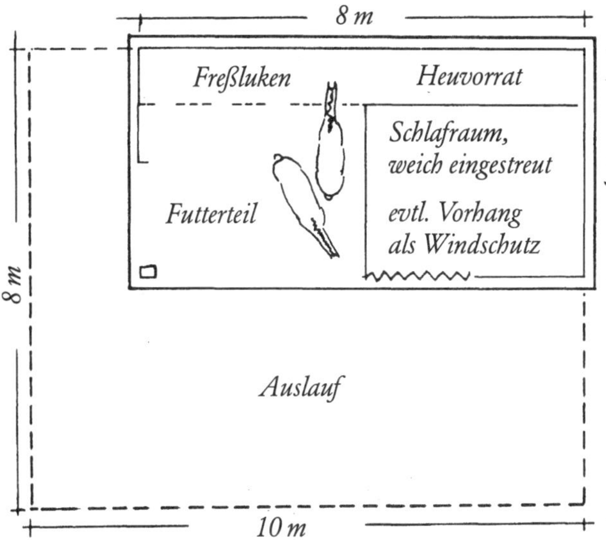

raum, der etwa eine Monatsration für drei Pferde aufnimmt; der Stall insgesamt ist in einen Auslauf gesetzt, dessen Boden ausgekoffert (vertieft), mit Drainagerohren und Asche versehen und mit Sand zugeschüttet wurde – ein wetterbeständiger, trockener Tummelplatz für die Wintermonate.

Vieles an diesen Ställen können Sie in Eigenarbeit erstellen, falls Sie das wollen.

In Ihrem Plan sollte auch ein fest verschließbarer, mäusesicherer Raum vorgesehen sein, der Sattelzeug und Kraftfutter aufnimmt, alle Stallutensilien sicher verwahrt und Platz bietet für Torf oder Sägespäne/Sägemehl als Einstreu. Ob Sie diese Gebäude mit einem Beton-Streifenfundament fest in die Erde verankern oder sie nur auf Beton-Einzelfundamente und einen entfernbaren Holzrahmen setzen dürfen, richtet sich nach den Bauvorschriften. Ganz verzichten sollten Sie auf Beton-Fußböden, die sich als äußerst ungünstig erwiesen haben.

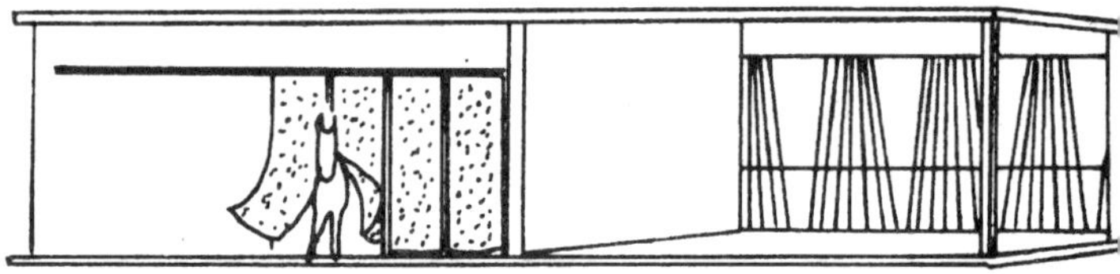

Offenstall: links Schlafbereich mit Windschutz-Vorhang, rechts Futterbereich

Vom geschlossenen Stall sollten Sie für ein Pony völlig absehen. Der Offenstall, in dem sich die Ponys frei bewegen und den sie nach Belieben aufsuchen können, ist die naturnähere Haltungsform, auch wenn die Tiere dann im Winter oder bei Regen schmutziger sind, als sie es in der Box wären. Schmutz läßt sich, falls er Sie stört, mit einer Bürste entfernen – die Spannungen dagegen, denen das Bewegungstier Pferd beim Zwangsaufenthalt in einer drei mal drei Meter kleinen Box ausgesetzt ist, entladen sich beim Reiten. Und das möchten Sie doch sicher nicht, oder?
Vor dem Stall können Sie, um bei jedem Wetter mit der Schubkarre fahren zu können, leicht etwa eineinhalb Meter breit Steine in den Sand packen und so eine feste, ebene Fläche herstellen.
Wir haben Ihnen hier in groben Zügen skizziert, an was alles zu denken ist, wenn Sie vorhaben, ein oder mehrere Pferde in eigener Verantwortung zu halten und sie zu Familienmitgliedern zu machen.

Um Mißverständnissen vorzubeugen, möchten wir noch hinzufügen, daß die Haltung von Pferden im Offenstall für Ihre Kinder keineswegs den Bruch mit dem Vereinsleben bedeutet! Es kommt nur auf das Verständnis des Reitlehrers für die andere Situation Ihres Kindes an: Versteht er es, daß ein junger Mensch gern selbst für ein Pferd sorgen möchte, daß er sich auf einem Pony sicherer fühlt, daß sich ein mittelgroßes Pferd in keiner Bewegung und Spontanregung vom Großpferd unterscheidet, daß sich weltweit der Wunsch nach der Rückkehr zum Natürlichen auch in der Pferdehaltung und beim Reiten durchsetzt, so wird Ihr Kind auch als Besitzer eines Ponys am Vereinsleben teilnehmen können. Ist das alles nicht der Fall, hat es sicher an einem so einseitig orientierten Verein nicht viel verloren.

Was braucht ein Pferd zur Pflege?

Frei gehaltene Pferde sind gesünder und widerstandsfähiger als Stallpferde; dafür legen sie sich aber im Winter einen dickeren Pelz zu. Früher galt das weithin als unschön; für ein stramm im Dienst stehendes Sportpferd ist es außerdem unpraktisch, da ein verschwitztes dickes Fell schlechter trocknet als ein dünneres. Viele heutige Freizeitreiter aber lieben gerade das urwüchsige, mit den Jahreszeiten wechselnde Aussehen ihrer Pferde und Ponys.
Das lange, dichte Winterfell, das gesund sein und matt glänzen soll, schützt vor Kälte, anhaltendem Regen und scharfem Wind. Es ersetzt aber, das sei nochmals gesagt, nicht einen zugfreien, der Wetterseite abgekehrten Unterstand. Dickpelzige Pferde sollten nicht täglich geputzt wer-

den, damit dem Fell nicht die schützende Fettschicht entzogen wird. Schweif und Mähne aller – auch hochblütiger – Pferde, die draußen überwintern, werden nicht abgeschnitten und nicht kurz verlesen; auch der Fesselbehang bleibt ungeschoren, er leitet Regenwasser von der empfindlichen Fesselbeuge ab und schützt vor verharschtem Schnee. Nur beim Fjordpferd wird die Mähne meist gestutzt; viele Besitzer dieser Pferde lassen sie aber zum Herbst hin lang wachsen und stutzen erst im Frühjahr wieder.

Robustpferd im Winterfell

Stallpferd im Kurzhaar

Geputzt werden die Ponys also hauptsächlich vor dem Gebrauch unter Sattel und Sattelgurt, damit keine Druckstellen entstehen. Besondere Fellpflege ist im Frühjahr und im Herbst beim Haarwechsel erforderlich, und vor öffentlichen Auftritten aller Art darf natürlich nach Herzenslust gewienert werden. Hier interessiert aber nur, welche Kosten Sie auf diesem Sektor erwarten. Nun, sie sind gering. Ein **Putzsortiment** umfaßt einen Gummihandschuh, einen Gummistriegel, eine Kardätsche, eine Wurzelbürste, zwei Schwämme, ein Schweißmesser, einen Hufräumer und einen Mähnenkamm. Alles zusammen kommt auf etwa sechzig bis hundert Mark. Die Anwendung der einzelnen Teile hat Ihr Kind entweder im Reitstall oder beim Adoptivpferd gelernt, und es hat auch darüber gelesen.

Damit es geputzt und gesattelt werden kann, muß das Pony angebunden werden; zu seiner Ausrüstung gehört also ein **Stallhalfter** mit Anbinderiemen. Es kostet etwa dreißig bis achtzig Mark, je nachdem, ob es aus Kunststoff, Chromleder oder Kernleder besteht. Auf dem Markt gibt es Halfter aus all diesen Materialien und in vielen Farben. Das Halfter sollte stabil sein und große, aber wenige Schnallen besitzen, die sich leicht öffnen und schließen lassen – auch für den Fall, daß das Pferd mit dem Kopf schlägt oder sich nicht gut aufhalftern läßt. Hüten Sie sich vor zu dünnem, zu fein gerolltem, üppig mit winzigen Schnällchen versehenem Lederzeug. Das mag zwar sehr viel feiner und teuerer sein, ist aber auf jeden Fall unpraktisch für Kinder, die in Wind und Wetter mit nassen und klammen Fingern ihr Pferd versorgen. Außerdem ist jede Reparatur teurer, weil man sie nicht selbst ausführen kann und Fachleute hoch bezahlt werden müssen.

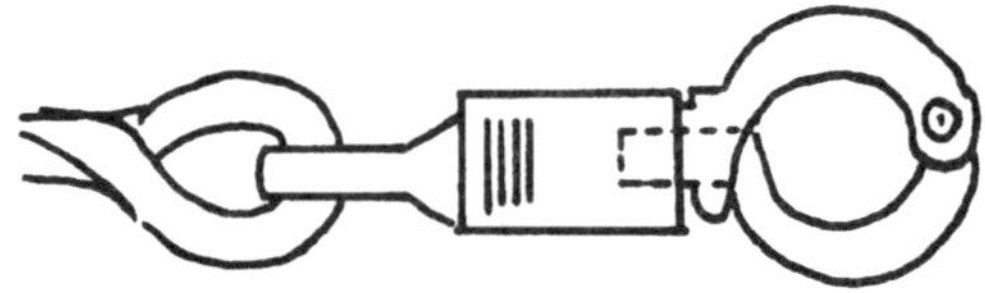

Der Panikhaken: geschlossen

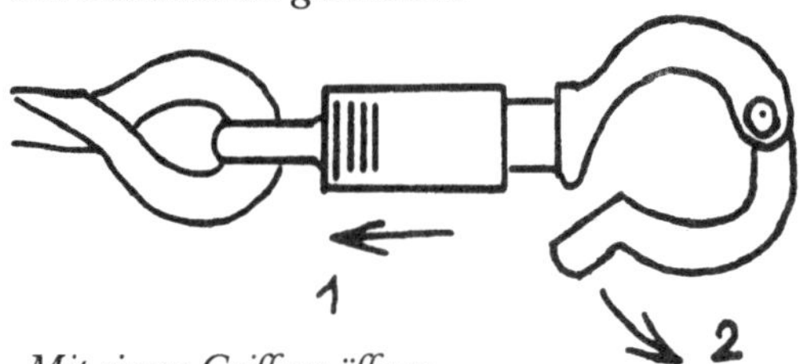

Mit einem Griff zu öffnen

Zum Halfter gehört ein **Anbindeseil**, am sichersten mit einem **Panikhaken** am anderen Ende; sollte das angebundene Pferd einmal sehr erschrecken, kann auch ein Kind den Panikhaken mit einem Griff lösen.

Was braucht ein Kind zum Reiten?

Es braucht ein Zaumzeug und einen Sattel. Beim Kauf dieser Gegenstände werden die *schwerwiegendsten* Fehler gemacht: Für kleine Ponys und kleine Kinder werden Ihnen kleine, leichte Zäume und ebenso leichte Sättel angeboten; die Vorstellung aber, daß dies zusammengehöre, ist grundfalsch! Ihr Kind braucht *Sicherheit!* Sicherheit aber garantieren nur solide, stabile, perfekt sitzende Ausrüstungsgegenstände, die unter keinen Umständen reißen oder deren Nähte sich beim nächsten Regen lösen dürfen! Genau dies aber tun leider die meisten der „Spezial-Kinder-Sättelchen". Hat Ihr Kind Reitunterricht im Verein gehabt, so meinen Sie vielleicht, es sei am einfachsten, die dort gebräuchliche Ausrüstung zu kaufen. Dem steht aber entgegen, daß sich die *Reitsituation* in vieler Hinsicht ändert: Kind und Pferd sind nun häufig sich selbst überlassen, ohne Aufsicht und Hilfe des Reitlehrers, sie reiten im Freien statt in der Bahn. Die Ausrüstung des Kinderpferdes sollte also so einfach wie möglich zu handhaben und stabil genug sein, um auch Regen und Winterwetter standzuhalten.

Das **Reithalfter** kann aus Leder oder aus Nylongurt sein; auf jeden Fall sollte es sich um eine robuste Qualität handeln. Die Riemen sollten breit und nicht fein gerollt sein; wichtig sind große Schnallen und Karabinerhaken, die sich auch mit feuchten, klammen Fingern und im Winter mit dicken Handschuhen handhaben lassen. Alles Sattelzeug muß genau passen: Dazu muß es gegebenenfalls von Zeit zu Zeit verschnallt werden, denn vor allem Leder dehnt sich manchmal im Gebrauch; kleine „elegante" Schnallen erschweren das Verstellen. Das Kopfstück sollte aus möglichst wenigen Teilen bestehen: Zwei Backenstücke, Stirn- und Kehlriemen reichen aus. Es gibt auch Kopfstücke, die nur aus einem einzigen Riemen mit einer verschiebbaren Schlinge bestehen, die um das rechte oder linke Ohr gelegt wird; für Kinder sollte das Kopfstück auf jeden Fall einen zusätzlichen Kehlriemen aufweisen, damit es bei einem eventuellen Sturz nicht vom Pferdekopf gestreift werden kann. Vom in den meisten Reitschulen üblichen **Hannoverschen Reithalfter** raten wir ab. Es muß sehr sorgfältig verschnallt werden, soll es dem Pferd nicht das Atmen erschweren; es ist überdies in den meisten Fällen überflüssig und sollte, falls überhaupt erforderlich, durch ein **Englisches Reithalfter** ersetzt werden, das dem Pferd ohne üble Nebenwirkungen weiter oben um den festen Nasenteil gelegt wird.

Hannoversches Reithalfter

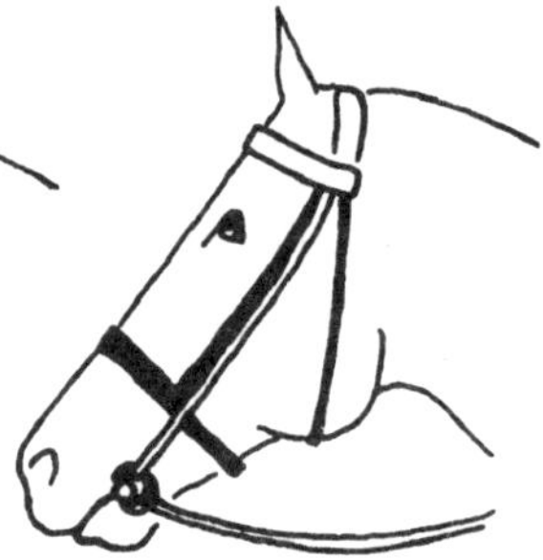

Englisches Reithalfter

Die Auswahl an **Mundstücken** ist begrenzt. Pferde finden draußen häufiger Anlaß zum Erschrecken: Der junge Reiter greift dabei haltsuchend mal zu hart in den Zügel! Damit dabei dem empfindlichen Pferdemaul so wenig wie möglich geschieht, wählen Sie ein weiches Mundstück, am besten eine **Stange aus maulfreundlichem Material**. Auf dem Kontinent ist am weitesten die **Wassertrense** verbreitet, ein in der Mitte gebrochenes Mundstück aus Metall. Beider Anwendung richtet sich individuell nach Pferd und Reiter. Eine Faustregel könnte lauten: Weiche, maulfreundliche Stange für das junge, ungeschulte, empfindliche und heftige Pferd sowie für den unerfahrenen, ungeschickten Reiter; Wassertrense für das bereits geförderte oder auch das trägere Pferd sowie für den geschulten Reiter mit weicher Hand.
Kaufen Sie unter gar keinen Umständen jene stiftdünnen „Ponymundstücke“ aus Eisen oder Aluminium, die im glei-

chen Angebot zu finden sind wie die erwähnten „Kindersättelchen"! Jeder Zug am Zügel überträgt sich scharf auf die empfindlichen Lefzen und die Zunge des Tieres. Das wiederum ruft Reaktionen hervor, die gefährlich werden können. Und auf die Dauer stumpft dann das Pferdemaul gegen die Zügeleinwirkung ab, wird hart und schwielig – und entzieht sich damit auch der Einwirkung des Reiters. Schlechte Reiter verderben auch die besten Pferde. Bei Kindern und Anfängern muß man mit Ungeschicklichkeit rechnen – das ist nicht aus der Welt zu schaffen. Wohl aber können wir dafür sorgen, daß dem Kind das richtige Gerät in die Hand gegeben wird, mit dem es möglichst wenig Unheil anrichten kann. Hierzu gehört auch, keine Gebisse aus rostfrei gemachtem oder vernickeltem Eisen zu kaufen. Fühlen Sie mit den Fingern die Ränder entlang: Dort, wo der Trensenring durchführt, spüren Sie oft schon bei neuen Teilen rauhe Kanten. Was Sie an den Fingern spüren, spürt das Pferd an den Lefzen!

Für alle Reiter, die viel draußen reiten, empfehlen sich **Gurtzügel** mit kleinen Lederknebeln; sie rutschen nicht, wenn sie naß werden, und die Knebel geben den Fingern besseren Halt. Achten Sie auch darauf, daß die Zügel nicht zu lang sind – sie sind es meist! Das Pferd sollte am hingegebenen Zügel an ausgestreckter Hand gerade noch mit dem Maul bis auf den Boden reichen. Sind die Zügel länger, rutschen sie dem jungen wie auch dem älteren Reiter in Schreckmomenten zu weit aus der Hand; er verliert das Gleichgewicht und die Einwirkung auf das Pferd.

Zügel sollten praktischerweise nicht mit Schnallen in den Trensenringen befestigt werden: Schnallen lassen sich, wenn sie verschmutzt sind, nur schwer öffnen. Stabile Karabinerhaken sind da viel praktischer.

Und nochmals: Das Material muß griffig, fest und leicht zu reinigen sein; billiges, leicht reißendes Schafleder gefährdet die Sicherheit Ihres Kindes.
Zu diesen Zäumungsarten kommen viele andere, die sich anderswo bewährten. Die jugendlichen Mitglieder der britischen Ponyclubs benutzen überwiegend das **Pelham** mit durchgehender, nicht gebrochener Stange, zwei Zügeln und Kinnriemen. Die Hebel zwischen den beiden Zügelringen sollen kurz sein, statt der Kette benutzt man einen weichen Kinnriemen aus Leder.

Pelham am Pferdekopf

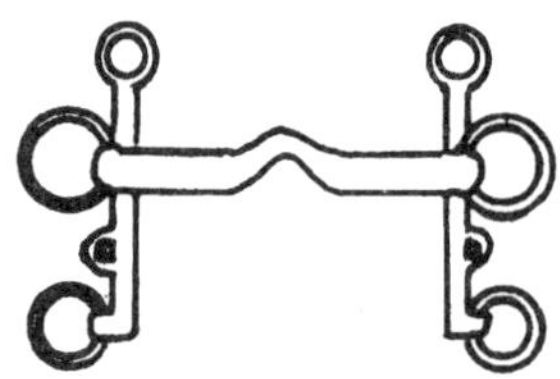

Pelhamgebiß

Die beiden Zügel werden locker gehalten und nie scharf angezogen; die meisten Pferde reagieren dadurch, daß der untere Zügel den Hebel nach hinten und so den Kinnriemen in die Kinngrube und die Stange auf die Zunge drückt, mit weniger Widerstand und leichterer Lenkbarkeit. Bei heftigen Pferden ist diese Einwirkung wirksamer und weniger schmerzhaft als das andauernde Ziehen am Trensenzügel. Natürlich gehört zum Gebrauch eines jeden Gebisses die vorherige Anleitung.

Zäumungsarten wie die Westernstange mit langen Hebeln, das kalifornische Bosal oder die mechanische Hackamore werden auch bei uns langsam bekannter. Zu ihrem Gebrauch gehört allerdings unbedingt eine längere spezielle Ausbildung.
In England kann die Handhabung des Pelhams anläßlich von Reiterferien – vielleicht in Kombination mit einem Sprachkurs – erlernt werden. Im Kapitel „Pferde in den Ferien" sprachen wir schon von dieser Möglichkeit.

Ohne einen guten **Sattel** ist gutes Reiten unmöglich, aber einen wirklich guten Sattel zu finden ist schwierig und erfordert einiges Nachdenken. Das Problem liegt zunächst darin, daß der Sattel *oben dem Reiter und unten dem Pferd passen* muß; überdies muß er an der richtigen Stelle des Pferderückens liegen und dort unverrückbar liegenbleiben. Es ergeben sich etwa folgende Kombinationen: Ihr Kind ist sechs Jahre alt und reitet ein kleines Pony; oder Ihr Kind ist sechs Jahre alt und reitet ein großes Pony; oder Ihr Kind ist sechzehn Jahre alt und reitet ein mittleres Pony; oder Ihr Kind ist sechzehn Jahre alt und reitet eine großes Pferd.
In jedem Fall braucht es einen anderen Sattel. Sättel aber sind teuer. Sind sie das nicht, so sind sie fast immer schlecht. Nirgendwo ist der „billige" Kauf so verhängnisvoll wie hier. Der Laie sieht es dem Sattel nicht an, wie er innen verarbeitet ist: ob er sich nach zwei Monaten verändert und den Pferderücken drückt; was nach einem nassen Winter aus den Nähten geworden ist. Im Grunde kann man sich – ohne langjährige eigene Erfahrung – nur auf eine gute Lieferfirma verlassen und muß wissen, daß ein guter Sattel gut über tausend Mark kosten kann. Hinzu kommen nochmals mindestens zweihundert Mark für das Zubehör.

Suchen Sie zunächst bei einem Händler oder in einem Katalog ein Modell aus, das zu Ihren speziellen Bedürfnissen (maximale Sicherheit, leichte Pflege, problemlose Dauernutzung bei jedem Wetter, Verwendbarkeit auf möglichst vielen Pferderücken, praktisch für Wochenend- und Wanderritte) paßt. Sättel, die eigens für Dressur, Springen oder Rennen gemacht sind, eignen sich für ein Kind, das nicht speziell auf Turnieren reitet, nicht.
Soll der Sattel eine Anschaffung fürs Leben sein, muß er so groß sein, daß auch ein mittelschwerer Erwachsener ihn benutzen kann; er sollte auf alle Fälle lange, überstehende Trachten haben, die das Reitergewicht sowohl bei kleinen und mittleren wie auch bei großen Pferden besser über den ganzen Rücken verteilen; er muß unbedingt eine stabile Halterung für den **Schweifriemen** besitzen. Selbst dann, wenn das gegenwärtige Pferd eine so gute Sattellage hat, daß der Sattel nicht nach vorn rutscht. Abgesehen davon, daß die wenigsten robust gehaltenen Weidepferde so ideal „auf Taille" gefüttert werden können, garantiert Ihnen niemand bei einem Pferdwechsel die gleichen Eigenschaften; nachträglich angebrachte Halterungen reißen sehr leicht aus.

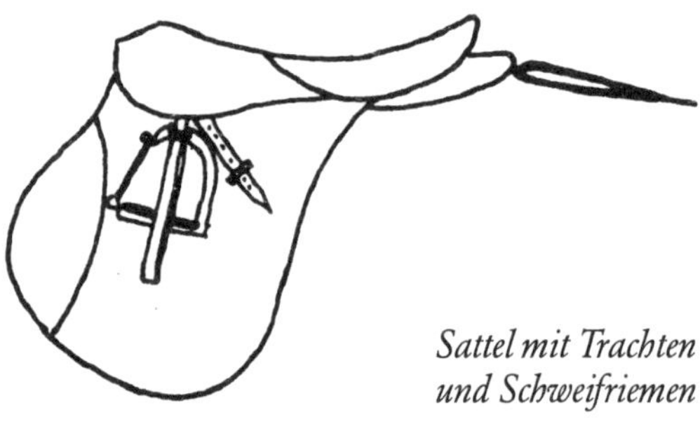

Sattel mit Trachten und Schweifriemen

Und kaufen Sie nie einen Sattel, ohne ihn vorher auf dem Pferd und von Ihrem Kind ausprobieren zu lassen! Jede solide Firma gibt Ihnen die Möglichkeit dazu. Sie legen ein sauberes Bettuch auf den Pferderücken, und der Sattel trägt keine bösen Gebrauchsspuren davon. Kaufen Sie nie übereilt! Hören Sie sich um, studieren Sie die Anzeigen in der Fachliteratur, fragen Sie andere Eltern, leihen Sie sich für eine Weile andere Sättel aus – kaufen Sie erst, wenn Sie sich Ihrer Sache absolut sicher sind.

Dem Zubehör sollten Sie allergrößte Beachtung schenken: dem Gurt, den Bügelriemen und den Bügeln.

Sind Sie selbst nicht Reiter, können Sie sich wahrscheinlich nicht vorstellen, welche ungeheuren Kräfte ein Pferd in der Sekunde des Schreckens entwickeln kann! Hat man einmal gesehen (oder, wie eine der Autorinnen, erlebt), wie ein nagelneuer Gurt beim Buckeln eines jungen Hengstes reißt als sei es Bindfaden – dann wird man nie wieder dünne, leichte, schmale Gurte aus billigem Material – und gar noch mit nur einer Schnalle – kaufen: schon gar nicht für ein Kind. Auch kleine Pferde entwickeln ungeahnte Kräfte, und Kinder sind noch hilfloser als Erwachsene. Kaufen Sie nur einen **breiten Sattelgurt** mit zwei Schnallen.

Die **Bügelriemen** können gar nicht stabil genug sein: Sie halten unter Umständen das ganze Gewicht des Reiters. Kaufen Sie Bügelriemen nur aus Chrom- oder Kernleder, dick und breit. Dazu **schwere Steigbügel** – die teuersten und besten, die Sie bekommen können. Hier geht es nicht ums Geld, sondern wieder um die Sicherheit Ihres Kindes. Gehen Sie noch einen Schritt weiter: Kaufen Sie **Sicherheitssteigbügel** mit Gummiring und Lederschlaufe; sie sind so gearbeitet, daß bei einem Sturz der Bügel sich seitlich öffnet; der Fuß kann nicht hängenbleiben. Das Hän-

6 10148-8

genbleiben ist allzuoft Ursache schwerer, gar tödlicher Verletzungen! Ein zu leichter Bügel bedeutet eine andere Gefahr: Rutscht er dem Kind vom Fuß, schwingt er zu weit hin und her – der Fuß findet ihn nicht wieder; ein schwerer Bügel bleibt gerade hängen. Ist der Bügel zu eng und zu klein – wie er tausendfach als „Kindersteigbügel“ angeboten wird –, klemmt sich unter Umständen der Fuß darin fest und bleibt beim Sturz erst recht hängen.

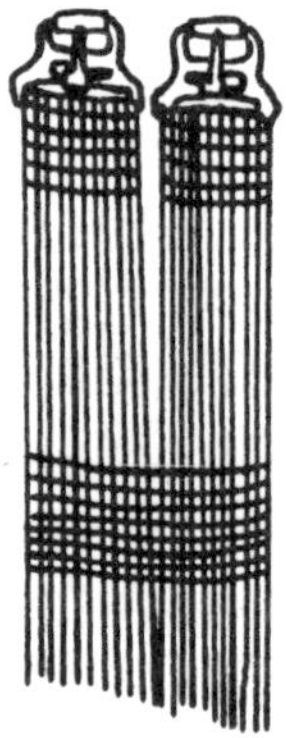

Schnurengurt mit zwei Schnallen

Sicherheitssteigbügel

Reiten ist, das sei wiederholt gesagt, kein besonders gefährlicher Sport – aber er kann durch Unwissenheit sehr gefährlich werden. Er birgt Risiken, die Sie nicht beeinflussen können; kümmern Sie sich um so intensiver darum, vermeidbare Risiken auch tatsächlich zu vermeiden – und verlassen Sie sich als Laie nicht blindlings auf Empfehlungen jedes Händlers: viele haben nie auf einem Pferd gesessen!

Wie wird die Pferdeausrüstung gepflegt?

Ein wesentlicher Zweck dieses Buches ist es, Sie als Eltern auf die Kosten und Mühen, die die Haltung eines Pferdes oder mehrerer Pferde für Ihr Kind oder Ihre Kinder mit sich bringt, im voraus aufmerksam zu machen, damit Sie Ihre Entschlüsse in Kenntnis dieser Voraussetzungen fassen können.

Zu den regelmäßig wiederkehrenden Arbeiten gehört die Pflege der teuren Ausrüstung. Dazu gehört zuerst, daß bei der Planung von Stall und Sattelraum genügend Platz für Putzzeug, Stallapotheke, Gerte, Kopfstück und Sattel vorgesehen oder irgendwo im Haus eine Ecke dafür eingerichtet wird. Je übersichtlicher das Putzzeug aufbewahrt wird, um so weniger geht davon verloren. Das Kopfstück gehört – wie alles Lederne – nicht auf einen dicken Nagel oder ähnliches; im Laufe der Zeit würde es an der Aufhängestelle brüchig werden; eine Konservendose, ein runder Holzklotz oder ähnliches sind geeigneter. Der Sattel gehört auf einen Sattelbock, damit er die Form nicht verliert und auch nach Gebrauch von unten trocknen kann.

Nasses Lederzeug wird niemals an der prallen Sonne oder beim Ofen getrocknet, sondern dort, wo Luft und leichte Wärme die Feuchtigkeit austrocknen.

Lederzeug muß besonders regelmäßig gepflegt werden. Das ist eine der Arbeiten, die Ihr Kind – zunächst unter Anleitung – selbst erledigen sollte. Das ist ja das Wichtige, daß es die notwendigen Aufgaben übernimmt und gewissenhaft ausführt. Das Lederzeug muß regelmäßig mit Wasser und Lederseife gereinigt und mit Lederöl, Lederfett oder Ledermilch gepflegt werden.

So behandelt, sieht das Lederzeug nicht nur nach Jahren

noch gut aus, sondern es bleibt auch länger geschmeidig – und damit sicherer. Bei regelmäßiger Pflege fällt auch jede brüchige Stelle rechtzeitig auf; sie muß sofort repariert werden.
Sattelgurt und Satteldecke müssen von verkrustetem Schmutz durch Bürsten befreit und dann in der Maschine gewaschen werden; hart gewordene Schweiß- und Schmutzstellen rufen auf dem empfindlichen Pferderücken die gefürchteten schmerzhaften Druckstellen hervor. Das Reinigen geschieht am besten in der Waschmaschine in handwarmem Wasser mit reichlich Waschpulver und ohne Schleudervorgang. Damit die Schnallen die Trommel nicht verkratzen und die Haare das Sieb nicht verstopfen, steckt man das Waschgut in einen starken Leinensack, der mit groben Stichen zugenäht oder verknotet wird. Die Sachen werden dann an der Luft getrocknet.

Welche Krankheiten befallen Pferde häufig?

Ehe Sie sich zum Kauf eines Pferdes entschließen, bedenken Sie bitte, daß es als Lebewesen auch den Krankheiten dieses Lebens ausgesetzt ist. Von Ihnen muß es dann wieder gesundgepflegt werden. Bringen Sie – die Eltern – dazu genügend Lust und Liebe auf? Damit Sie diese Frage beantworten können, geben wir Ihnen einen kleinen Überblick über dieses Thema.
Durch *falsche Fütterung* entstehen unter anderem Koliken, Hufrehe, Eiweißvergiftungen und Dämpfigkeit. Solange das Pferd Weidegang hat und die Weide nicht zu fett und eiweißreich ist – das ist sie besonders im Frühjahr –, kann

bei der Fütterung nicht viel falsch gemacht werden. Alle Kraftfuttergaben aber müssen genau dosiert und zwei- bis dreimal täglich in kleinen Portionen verfüttert werden; das Heu muß frisch riechen, appetitlich aussehen und darf keine Spuren von Schimmel aufweisen; Rüben und Wurzeln sollen nur in geringen Mengen und von Schmutz gesäubert gereicht werden. Je jünger das Kind ist, das ein Pferd versorgt, um so genauer müssen die Eltern das Füttern überwachen.

Durch *Vernachlässigung* können Verwurmung, Mauke, Strahlfäule, Vermilbung, Sattel- oder Geschirrdruck und Lahmheit entstehen. Gegen das Überhandnehmen von Würmern muß drei- bis viermal im Jahr ein Wurmmittel gegeben werden; vor Mauke und Strahlfäule schützt ein sauberer, trockener, gut mit Stroh oder Sägespänen bedeckter und regelmäßig *täglich* vom Kot gereinigter Stallboden und ein trockener Auslauf; Drücke können nicht entstehen, wenn das Reit- und Fahrgeschirr regelmäßig gepflegt, weich gehalten, auf Bruchstellen untersucht und richtig aufgelegt wird. Beim ersten Anzeichen von Lahmheit – die verschiedene Ursachen haben kann – muß der Huf nachgesehen werden (es kann sich ein Steinchen darin festgesetzt haben), das Bein auf Schwellungen und heiße Stellen abgetastet und das Pferd ruhiggestellt werden.

Durch *Infektionen* entstehen schwere Erkrankungen wie Grippe, Husten, Druse, infektiöse Anämie. Einen gewissen Schutz bieten regelmäßige Impfungen durch den Tierarzt, der auch Tetanus- und Tollwutspritzen verabreicht.

Aus dieser knappen Aufzählung ersehen Sie schon, daß auf Sie als Eltern mit dem Kauf eines Pferdes für Ihr Kind Verpflichtungen zukommen, die Mühe machen, Zeit und Geld kosten. Bei richtiger, regelmäßiger Pflege des Tieres, seiner

Behausung und seiner Ausrüstung, bei richtigem, überlegtem Reiten, überlegter Vorsorge durch Impfungen, regelmäßiger Entwurmung und Verabreichung guten Futters können die meisten der erwähnten Krankheiten verhindert werden – aber es bedarf der Aufsicht der Eltern, ein Pferd so zu halten und zu nutzen.
Natürlich müssen Sie auch mit Wunden und Verletzungen rechnen, die tausend kleine oder große Ursachen haben können.
Schäden an den *Hufen* können beispielsweise durch falsche Fütterung, Verletzungen, schlechtes Hufhorn, mangelnde oder unsachgemäße Pflege entstehen. Nur auf gesunden Hufen kann ein Pferd auch gut laufen! Die Hufe müssen täglich nachgesehen und gereinigt werden; das kann Ihr Kind selbst machen. Ebenfalls notwendig ist das Ausschneiden des ständig nachwachsenden Hufhorns etwa alle sechs bis acht Wochen – egal, ob Ihr Pferd Eisen trägt oder „barfuß" geht. Lassen Sie diese Arbeit und das Beschlagen nur von einem staatlich anerkannten Hufbeschlagschmied ausführen. Nur er hat das richtige Handwerkszeug, eine ausreichende Hufeisenauswahl und vor allem das erforderliche umfangreiche Wissen und Können in Sachen Pferdehuf. Er sagt Ihnen auch, ob ein Beschlag überhaupt nötig ist. Manche Freizeitpferde gehen jahrelang ohne Eisen, weil sie gute harte Hufe haben oder weil die Reitwege weich und sandig sind. In der Regel wird aber ein Beschlag notwendig, um ungleichmäßiges Abnutzen der Hufränder und ihr Ausbrechen zu vermeiden. Ein beschlagenes Pferd kann auf allen Böden geritten werden. Stollen erhöhen die Rutschfestigkeit; empfehlenswert sind Schraubstollen, die Sie selber zum Weidegang oder zum Transport entfernen und zum Reiten wieder anbringen kön-

nen. Die Hufeisen können nach einem Neubeschlag meistens ein- bis zweimal wiederverwendet werden, wenn ausgeschnitten werden mußte. Bei Stellungsfehlern der Beine und/oder Hufe sowie bei bestimmten Krankheiten kann ein Sonderbeschlag korrigierend beziehungsweise schmerzlindernd und heilungsfördernd wirken.

Was kann dem Reiter und Pfleger zustoßen?

Pferdesport und -haltung sind laut Statistik nicht besonders gefährlich. Selbst im großen Turniersport gibt es verhältnismäßig wenig Unfälle. Verletzungen beim Umgang mit Pferden entstehen meist durch Unvorsichtigkeit und Nachlässigkeit. Beim Füttern, Putzen, Misten und Satteln holt sich Ihr Kind schnell mal blaue Flecken, einen Bluterguß, eine Prellung. Die Hufe des frommsten Pferdes sind hart, und wenn sie unbeabsichtigt auf einem ungeschützten Menschenfuß landen, tut das weh! Lassen Sie Ihr Kind daher nicht mit Sandalen oder bloßen Füßen im Stall und auf der Weide arbeiten.
Hautabschürfungen, Risse, Tritt- und Bißwunden kommen auch vor: Es ist dringend zu vorbeugender Tetanusimpfung des Kindes zu raten! In stark tollwutgefährdeten Gebieten muß nach einem Pferdebiß sofort der Arzt aufgesucht werden; vor allem Weidepferde können – von einem kranken Wild gebissen – zu Übermittlern dieser schrecklichen Krankheit werden. Deshalb sollten auch die Pferde regelmäßig Schutzimpfungen bekommen.
Gefährlicher ist schon das Fallen mit einem ausrutschenden Pferd oder ein Sturz vom Pferd; beides erfolgt meist mit

beträchtlicher Wucht. Es ist deshalb wichtig, daß Ihr Kind stets eine feste Reitkappe trägt und nicht allein ins Gelände reitet. Bei Gehirnerschütterung, Schock oder Bruch kann sich der Betroffene ja nicht allein helfen. Und selbst wenn das Pferd heimläuft und unbeschadet ankommt, kann es nicht – wie vielleicht ein guter Hund – Helfer zur Unfallstelle führen: Das liegt nicht in seiner Natur.
Die folgenschwersten Unfälle sind jene, bei denen der Reiter mit einem Fuß im Bügel hängenbleibt und vom erschrockenen Pferd mitgeschleift wird. Lassen Sie Ihr Kind daher nie ohne Sicherheitssteigbügel reiten!

Mit welchen Kosten muß der Pferdehalter rechnen?

Wer sich nüchtern ausrechnet, was alles mit der Anschaffung eines Pferdes an Kosten anfällt, erspart sich viele böse Überraschungen. Natürlich kann man sich zunächst nur einen groben Überblick verschaffen – zu unterschiedlich sind die Voraussetzungen und die Ansprüche einzelner Pferderassen oder auch der Reiter. Aber gemäß den ungefähren Angaben, die wir hier zusammenstellen, können Sie sich nach einigem Umhören eine eigene Liste erarbeiten.

Anschaffungen für den Dauergebrauch:

Stallhalfter	ab DM 30,–	....
Anbindekette	ab DM 10,–	....
Putzsortiment	ab DM 60,–	....
Lochzange	ab DM 6,–	....

Trensenzaum mit		
Reithalfter	ab DM 80,–	....
Trensengebiß	ab DM 50,–	....
Sattel	ab DM 500,–/1000,–	....
Zubehör (Bügelriemen,		
Sicherheitssteigbügel,		
Schweifriemen,		
Sattelgurt)	ab DM 200,–	....
Satteldecke	ab DM 50,–	....

Laufende *jährliche* Kosten für Unterhalt und Pflege:

vier Wurmkuren		
pro Pferd	ca. DM 120,–	....

Impfungen:

– Tetanus	ca. DM 30,–	....
– Tollwut	ca. DM 35,–	....
– Pferde-Influenza	ca. DM 30,–	....

Schmied:

vier- bis sechsmal Ausschneiden		
der Hufe oder	jeweils ab DM 20,–	....
vier- bis sechsmal		
Beschlag, davon zwei- bis		
dreimal mit		
neuen Eisen	jeweils ca. DM 70,–/160,–	....

Versicherungen:

Haftpflichtversicherung		
bei Ponys	ab ca. DM 120,–	....
bei Großpferden	ab ca. DM 180,–	....

Futter und Unterstellung:

Vollpension für Ponys	ab DM 2500,–	....
Vollpension für Großpferde	ab DM 4800,–	....

(im städtischen Reitstall auch noch viel mehr)

Eigenhaltung:

Weidepacht 2–3 Morgen	....
Düngemittel	....
Heu, gepreßt oder lose, je Pferd 30–40 Ztr./Winter	....
Leckstein, zwei bis drei pro Jahr, pro Stück ab 8,–	....
Kraftfutter	....
Einstreu	....

Installierungskosten für Eigenhaltung:

Errichtung eines Offenstalls	....
Ausbau von Sattelkammer, Futterraum, Auslauf	....

Geräte zum Sauberhalten des Stalles und der Weide:

Mistkarre	....
Schaufel	....
Straßenbesen	....
Mistgabel	....
Heugabel	....

Diese Liste enthält natürlich nicht sämtliche möglichen Posten; andererseits sind auch Positionen aufgeführt, die

nicht gleich anfallen. Bei der Errichtung von Ställen gibt es so viele unwägbare Dinge, daß nur Sie selbst errechnen können, was ein solider, einfacher Offenstall der geschilderten Art Sie kostet – abhängig davon, ob Sie selbst bauen, bauen lassen oder einen Fertigstall kaufen.
Wenn Ihnen die Endsumme hoch erscheint, so bedenken Sie, daß auch andere Haustiere nicht unbeträchtliche Kosten verursachen!

Wo kauft man Pferde?

Für den Laien ist es nicht ganz einfach, an das Pferd, zu dessen Kauf man sich nun entschlossen hat, überhaupt heranzukommen. Denn Pferde werden nicht wie Autos in weithin sichtbaren Verkaufsräumen an den Ausfallstraßen der Städte angeboten. Man muß sie suchen, um sie zu finden.
Natürlich gibt es **Pferdehändler**; Sie finden die Adressen im Telefon- oder Adreßbuch. Die Branche hat zwar einen etwas ramponierten Ruf; lassen Sie sich dadurch aber nicht von einem Besuch in den Verkaufsställen abhalten! Es gibt viele reelle Leute in diesem Gewerbe, und je besser Sie selbst sich auf den Kauf vorbereitet haben, je genauer Sie dem Händler Ihre Vorstellungen darlegen können, je entschiedener Sie von „Gelegenheitskäufen“ und ähnlichem absehen, um so eher wird der Händler das Passende für Sie finden.
Lassen Sie sich Zeit! Blitzkäufe sind selten gute Käufe. Ein erfahrener Händler hat einen großen Kundenkreis und weiß, wo er ein für Sie passendes Pferd beschaffen kann, falls er es nicht „vorrätig“ hat. Der Kauf beim Händler hat

noch einen weiteren Vorzug: Ein guter Händler ist meist bereit, ein Pferd zurückzunehmen, wenn es Ihnen mit Grund nicht gefällt, und es gegen ein anderes umzutauschen.
Haben Sie sich im Geiste bereits für ein Pferd einer bestimmten Rasse entschieden, so können Sie sich kostenlos bei den entsprechenden **Zuchtverbänden** erkundigen, deren Adressen Sie bei der Deutschen Reiterlichen Vereinigung (FN) erfahren. Dort kann man Sie auf Auktionen aufmerksam machen, vielleicht einen Kauf vermitteln oder Ihnen die Namen bekannter Züchter nennen.
Vielleicht kennen Sie auch schon – etwa über Bekannte, Reiterfreunde Ihres Kindes – einen oder mehrere **Züchter**. Sie haben dort den Vorteil, die Mutter, möglicherweise auch den Vater Ihres künftigen Pferdes kennenzulernen. Eine kleine Warnung ist freilich angebracht: Mancher Züchter möchte seine Nachzucht möglichst jung verkaufen und rät Ihnen deshalb zum Kauf eines Fohlens oder eines Jährlings. Halten Sie sich vor Augen, was wir dazu im Kapitel „Welches Pferd kommt in Frage?“ (siehe Seite 56) sagten! Kaufen Sie zum sofortigen Gebrauch nie ein Pony unter vollendetem drittem (Isländer: fünftem) Lebensjahr!
Natürlich kommt es auch vor, daß in Ihrer Nachbarschaft, unter Freunden und Bekannten ein Kinderpony zu verkaufen ist. In diesen Fällen kennen Sie das betreffende Tier wahrscheinlich selbst schon längere Zeit, können sich mit den Vorbesitzern ausführlich unterhalten und das Pony mehrmals ausprobieren.
Alle **Pferdefachzeitschriften** offerieren im Kleinanzeigenteil verkäufliche Pferde und Ponys. Finden Sie hier etwas, das Ihnen den Worten nach zusagt, so kaufen Sie nie am Telefon!
In allen genannten Fällen ist es absolut notwendig, daß Sie *mit Ihrem Kind* die Verkäufer aufsuchen, sich das fragliche

Tier zeigen und vorreiten lassen und dem Kind die Gelegenheit geben, es selbst auszuprobieren – und dies auch, wenn es noch kein besonders erfahrener Reiter ist. Der Verkäufer nimmt es vielleicht an die Longe, oder Sie selber nehmen es an den Führzügel; wie auch immer – geben Sie dem künftigen Reiter die Möglichkeit, die Bewegungen und Regungen des Pferdes unter dem Sattel auszuprobieren. Das ist entscheidend wichtig! Sympathien und Antipathien spielen im Zusammensein von Pferd und Reiter eine bedeutsamere Rolle, als sich der Laie vorstellen kann. Die gegenseitige Sympathie ist auf die Dauer viel wesentlicher als alle Schönheit des Äußeren, alle bereits errungenen Turnierschleifen. Lassen Sie sich niemals von Äußerlichkeiten bestechen: Ihr Kind braucht ein sicheres, ein liebes Pony! Das Pferd muß sich von Ihrem Kind anbinden und die Hufe hochnehmen lassen, es darf keine Schwierigkeiten beim Satteln und Zäumen machen, darf nicht an Stall und Weide „kleben" – das heißt, es darf sich nicht weigern, überhaupt wegzugehen. Fehler dieser Art im täglichen Umgang sind bei Kinderpferden so schwerwiegend, daß man vom Kauf absehen sollte.
Abzuraten ist dem Laien von einem Kauf auf dem **Pferdemarkt**. Selten nur können die Tiere hier ausprobiert werden; es bedarf des Fachmannes, hier die Spreu vom Weizen zu scheiden.
Hat das angebotene Pferd Papiere, so erfahren Sie die Anschrift des Züchters und der Nachbesitzer. Achtung: Wenn ein Pferd in wenigen Jahren sehr häufig die Besitzer wechselte, lassen Sie besser die Finger davon! Der betreffende Zuchtverband, dessen Anschrift auf dem Abstammungsnachweis steht, kann Ihnen notfalls Rat erteilen.
Gefällt Ihnen und Ihrem Kind ein Pferd, so kommen Sie

am besten am nächsten Tag mit Ihrem Tierarzt wieder und lassen Sie es von ihm gründlich untersuchen. Der Tierarzt wird Sie auch darauf aufmerksam machen, welche **Gewährsmängel** es gibt und wann Sie ein Pferd auch nach dem Kauf noch zurückgeben können. Bestehen Sie stets auf einem schriftlichen Kaufvertrag, den Käufer und Verkäufer unterschreiben und von dem beide je eine Ausfertigung erhalten.

Die meisten Leute kaufen Pferde zu Beginn der schönen Jahreszeit. Das hat den Vorteil, daß man das Pferd gleich auf die preiswertere Sommerweide schicken und sich bei Ritten in der freien Natur mit ihm vertraut machen kann; als Nachteil muß meist ein etwas höherer Preis in Kauf genommen werden. Umgekehrt sind Pferde gegen Winter zu meist preiswerter, kosten aber im Unterhalt (Heu, Stroh, Kraftfutter) etwas mehr. Kaufen Sie im Herbst preisgünstig ein Pony, das den Sommer über in einem Reitstall oder Ferienbetrieb gearbeitet hat, so berücksichtigen Sie bitte, daß es nun Anrecht auf Erholung hat und in den ersten Monaten vorsichtig gearbeitet werden sollte.

Was tun, wenn das Pferd sein neues Heim bezieht?

Vorbereitungen

Das Pferd ist gekauft – da sind auch diejenigen Familienmitglieder, die selbst nicht reiten, in Hochstimmung. Schließlich kommt nicht alle Tage ein so großer neuer Hausgenosse an. Der Offenstall, die künftige Behausung, wird gründlich gereinigt und – falls es sich um ein älteres

Gebäude handelt – sorgfältig nach herausragenden Nägeln, Eisenteilen, Holzspänen untersucht; Boden und Wände werden gründlich gesäubert und notfalls desinfiziert; der Stall wird mit Stroh oder Sägespänen hoch eingestreut. Frisches Wasser steht bereit, Futter ist eingekauft, ein Leckstein ist vorhanden. So wäre nun wirklich alles Notwendige getan? Nicht ganz. Nach Unterschreiben des Kaufvertrages ist das Pferd Ihr Eigentum geworden – und von diesem Augenblick an tragen Sie die volle Verantwortung für alles, was ihm geschieht oder was es anrichtet. Es könnte schon beim Transport Menschen verletzen (etwa, wenn es sich weigert, den Hänger zu betreten), es könnte sich selbst verletzen, könnte während der ersten Stunden bei Ihnen aus seiner Weide, seinem Stall ausbrechen. Gerade bei Transport und Eingewöhnung sind Pferde ängstlich und schreckhafter als sonst, reagieren sie unberechenbar und können bei kopfloser Flucht große Schäden anrichten.

Sie müssen also noch am Kauftag unbedingt eine **Haftpflichtversicherung** abschließen, die Sie gegen alles, was Ihr Pferd anrichtet, Dritten gegenüber absichert. Soll Ihr Pferd Tag und Nacht auf der Weide leben, ist auch eine **Weidediebstahlversicherung** anzuraten.

Ob Sie eine **Lebensversicherung** abschließen, hängt auch von Ihrem Geldbeutel ab. Lebensversicherungen sind teuer. Trotzdem raten wir allen Pferdekäufern, das neue Pferd wenigstens für das erste Jahr zu versichern; während dieser Zeit treten alle jene Mängel auf, die Ihnen der Verkäufer vielleicht verschwiegen hat. Es können sich auch Unfälle ereignen, die auf Ihre Unerfahrenheit zurückgehen. Bei nur einem Pferd oder zwei Pferden lohnt sich die Versicherung meist; besitzen Sie viele Pferde, übersteigen meist die Beiträge für alle den Preis eines womöglich ausfallenden Tieres.

Das Pferd kommt an

Schon beim Kaufen lassen Sie sich vom Vorbesitzer über die Freßgewohnheiten Ihres neuen Pferdes unterrichten: ob es regelmäßig Kraftfutter bekam, wieviel und zu welchen Tageszeiten (Pferde sind Gewohnheitstiere; jede abrupte Änderung ihrer Gewohnheiten wird übel vermerkt); ob es längere Zeit über nur Heu und Stroh bekam oder seit Wochen auf die Weide geht. Versuchen Sie, die gleiche Fütterung zunächst beizubehalten. Jede Veränderung sollte über längere Zeit hinweg vorsichtig vollzogen werden. Sie vermeiden dadurch Kolik, Durchfall, Rehe oder auch Nahrungsverweigerung durch zu krasse Futterumstellung.
Während der ersten Tage sollten Sie das Pferd nur unter Aufsicht auf die Weide lassen. Beobachten Sie, ob es auszubrechen versucht. Sind die Zäune stabil genug? Funktioniert der Elektrozaun? Kennt und respektiert ihn das Pferd? Lassen Sie Ihrem Pferd diese erste Woche das Stallhalfter an; es muß aber sehr gut sitzen: so eng, daß es nicht mit den Hinterhufen abgestreift werden kann, so weit, daß es die Nahrungsaufnahme nicht behindert. Viele Unglücke sind schon durch falsch sitzende Weidehalfter verursacht worden. In diesem Falle bietet das Halfter den Vorteil, daß Sie ein ausbrechendes oder scheuendes Pferd gleich anfassen und festhalten können. Später lassen Sie beim Weiden das Halfter weg.
Die Kinder sollten sich zunächst nicht allein mit dem neuen Hausgenossen beschäftigen. Er ist noch mißtrauisch gegen seine Umgebung und die fremden Menschen, trauert vielleicht dem Vorbesitzer oder seinen Stall- beziehungsweise Weidegenossen nach und könnte auf ungeschickte Kinderhände unfreundlich reagieren. Lassen Sie auf keinen

Fall die Kinder gleich am ersten Tag reiten! Aus Angst vor der ungewohnten Umgebung reagiert ein Pferd leicht schreckhaft und neigt dann zum Davonlaufen.
Schauen Sie auch nicht pausenlos nach, was das Pferd wohl eben jetzt macht, sondern lassen Sie es ungestört und in Ruhe seine neue Welt erforschen.
Ihren Freunden verraten Sie am besten den Ankunftstag gar nicht. In der Freude und im Stolz des neuen Besitzes wären Sie vielleicht allzu leicht geneigt, immerzu zu zeigen, wie prächtig er im Auslauf trabt – bis Ihr neuer Hausgenosse entsetzt wegrennt, wenn er nur Ihre Stimme hört.

Man gewöhnt sich aneinander

Ein Pferd kauft man gewöhnlich nicht für eine kurze Zeit; man möchte lange Freude an ihm haben. Deshalb sollte man ihm auch viel Zeit zum Eingewöhnen lassen. Eltern und Kinder lernen das Pferd am besten bei der täglichen Pflege kennen: beim Säubern des Stalles, beim Putzen und Füttern. Gehen Sie ruhig und freundlich mit ihm um, und wenn es erschrickt, so überlegen Sie zuerst, ob Sie nicht etwas falsch gemacht haben.
Nehmen Sie das Pferd an einen langen Führzügel und gehen Sie ein paar Tage mit ihm spazieren, zeigen Sie ihm die nähere Umgebung, lassen Sie es hier und da ein Weilchen grasen. Ist es ruhig genug, satteln Sie es und führen Sie es mit Ihrem Kind im Sattel spazieren. Sprechen Sie beide viel und freundlich mit dem Neuling. Was Sie sagen, ist egal – das Pferd merkt sich aber den Tonfall Ihrer Stimmen, reagiert künftig darauf und faßt Vertrauen zu Ihnen.
Zu den ersten Reitversuchen nehmen Sie das Pferd an die Longe oder lassen Ihr Kind unter Aufsicht in einer nicht zu

7 10148-8

großen, geschlossenen Koppel reiten. Auf gar keinen Fall dürfen Sie Kind und Pony einfach ins Gelände drauflos reiten lassen! Wenn eben möglich, bitten Sie ein oder zwei Erwachsene mit ruhigen, verträglichen Pferden, Ihr Kind mitzunehmen. In beruhigender Gesellschaft schaut sich der Neuling dann die Gegend an, erschrickt nicht so leicht, orientiert sich am Verhalten der gelassenen anderen Pferde.

Kinder mögen nicht gern dauernd zur Vorsicht gemahnt werden – das wissen Sie als Eltern recht genau. Aber hier geht es darum, *echte Gefahren* auszuschalten. Kein Kind kann die Regungen, das plötzliche Scheuen oder Seitwärtsspringen eines noch unbekannten Pferdes abschätzen. Dies Vermögen kommt erst mit längerer Bekanntschaft und wachsendem gegenseitigem Vertrauen. Die ersten Wochen entscheiden vielleicht darüber, ob Ihr Kind – weil *Sie* nicht vorsichtig genug waren – den Besitz des eigenen Pferdes mit einem schweren Unfall beendet oder eine jahrelange glückliche Gemeinsamkeit beginnt.

Seien Sie auch geduldig bei „Unarten" des neuen Pferdes – es muß sich ja mit ganz fremden Gegebenheiten abfinden. Reden Sie bei Anfangsschwierigkeiten, die bestimmt auftauchen, nicht gleich vom Wiederverkaufen – Kind und Pferd müssen miteinander umgehen, einander verstehen lernen. In vielen Fällen kann Ihnen der Vorbesitzer einen Tip geben; wenden Sie sich an ihn.

Je älter das Pferd ist und je mehr Zeit ihm der Vorbesitzer widmete, um so länger dauert die Umgewöhnung. Manche Pferde sind schon nach Tagen „daheim", manche brauchen Monate, bis sie sich endgültig umgestellt haben.

Wieder müssen wir Sie an die notwendigen Versicherungen erinnern. Erkundigen Sie sich, ob die **Familienhaftpflichtversicherung**, die Sie ja sicher abgeschlossen haben, und die **Schulunfallversicherung** als Schutz beim Reiten und beim Umgang mit dem eigenen Pferd ausreichen.

Gäste möchten reiten

Sie haben ein Pferd, Ihr Kind kommt prima mit ihm zurecht – schon kommt eine neue Sorge auf Sie zu: Die kleinen Freunde Ihres Kindes möchten auch mal reiten! Zunächst möchten sie nur mal putzen, dann helfen sie eifrig mit beim Aufsammeln der Pferdeäpfel – nun ja, und dafür wird man ja auch wohl mal aufs Pferdchen dürfen?! Mutig sind sie alle, und natürlich „können alle reiten" – haben beim Ponyfest mal auf dem Pferd gesessen, auf der Kirmes eine Runde gedreht – und sind stolz darauf. Auch das eigene Kind bettelt; sein Ansehen in der Klasse steigt – verbietet man's, so tun sie's heimlich ... Also beide Augen zudrücken?
In vielen Fällen geht alles gut. Pferde haben eine „Antenne" für die Ungeschicklichkeit von Kindern und nehmen sie vielfach nicht übel. Es geschieht aber auch, daß Kinder vom Pferd fallen, beim Helfen getreten oder gebissen werden, und schon beginnen die Probleme wieder: Hatten die Kinder überhaupt die Erlaubnis der eigenen Eltern, hier reiten zu dürfen? Sind sie versichert? Haften Sie für Unfälle, die durch fremde Kinder geschehen?
Sichern Sie sich gegen spätere Unannehmlichkeiten ab, indem Sie *vorher* Absprachen mit den Eltern treffen und auf Unfall- und Haftpflichtversicherung bestehen.
Besonders problematisch wird es, wenn Sie für die Reiterlaubnis ein Entgelt nehmen – das kann im Schadensfall dann ein Vermögen kosten, Freundschaften zu Bruch gehen lassen. Jahrelange Prozesse vergällen die Freude am

Pferd, das zwar meist die Ursache, aber dennoch unschuldig ist.
Selbst einem guten Reiter kann man ein Pferd nicht so selbstverständlich leihen wie dem guten Fahrer das Auto. Pferd und Reiter müssen sich kennenlernen; Pferde sind Lebewesen, die unsachgemäße oder ungewohnte Behandlung nicht verstehen und häufig unerwartet reagieren.
Kindern, denen Sie regelmäßig das Reiten auf Ihren Pferden gestatten möchten, müssen Sie – falls Sie das können – zuerst gründlichen Unterricht im Umgang mit Pferden geben. Können Sie es nicht, schicken Sie sie in eine Reitschule oder zu dem Lehrer, bei dem auch Ihr Kind reiten lernte. Sind die Eltern der Kinder damit nicht einverstanden, dann können die Kinder – so leid es Ihnen auch tun mag – nicht bei Ihnen reiten.
Und lassen Sie sich auf alle Fälle mündlich vor Zeugen oder schriftlich bestätigen, daß auch nach all dieser Vorsorge alle Haftung bei den fremden kleinen Reitern liegt und diese auf eigene Gefahr mit Ihren Pferden umgehen.
Unter diesen Voraussetzungen können nicht nur Sie und Ihre Kinder, sondern auch deren Freunde viel Freude an den Pferden haben.

„MEIN KIND MUSS REITEN LERNEN“

Nicht nur Kinder sind pferdenärrisch – auch Eltern können es sein. Eltern, die selber reiten und ein eigenes Pferd haben; oder die gern reiten möchten und sich ein eigenes Pferd wünschen; oder die vergebens in ihrer Jugend vom Reiten träumten und nun den eigenen Jugendwunsch ihren Kindern erfüllen möchten; oder auch Eltern, die angestachelt sind von den reiterlichen Erfolgen anderer Kinder und nun, vom Ehrgeiz gepackt, auch die eigenen Kinder Turnierschleifen erringen sehen wollen.
Treffen die Wünsche von Eltern und Kindern zusammen, kann gemeinsames Glück daraus entstehen. Sehr oft aber haben die Kinder solcher Eltern überhaupt keine Freude am Pferd – oder sie wird ihnen, durch falsches Vorgehen, nach kurzer Zeit auf immer genommen.

Was Eltern auf keinen Fall tun dürfen

Ahnungslose Kinder werden von Turnier zu Turnier geschleppt, wobei ihnen ständig vor Augen geführt wird, wie gut andere, nicht viel ältere Kinder bereits springen oder Dressur reiten können. Das Kind findet das langweilig; es hat keinen Ehrgeiz; vielleicht fürchtet es sich gar vor Pferden. Auf diese Weise erzwingt man keine Pferdeliebe.
Schlimm ist es, wenn schon ganz kleine Kinder falsch an Pferde herangebracht, unter viel Zureden und Versprechungen auf den blanken Rücken eines womöglich noch riesigen Pferdes gehoben werden. Die Kinderhände finden keinen Halt; der kleine Reiter schaukelt bei jeder Bewegung des Pferdes unsicher hin und her und möchte gern wieder auf den festen Boden zurück. Schreit er vor Angst, lachen

die Erwachsenen ihn aus, anstatt Verständnis für seine berechtigten Nöte zu haben. Das Kind sitzt völlig allein auf hohem, wackligem Sitz, kann das Tier nicht zum Stehen bringen, fühlt sich ihm hilflos ausgeliefert. So kann man auch keine Pferdeliebe wecken!
Ist das Pferd ordnungsgemäß gesattelt, will das Kind die Füße zum Halt in die Bügel stecken; deren Riemen haben aber meist nicht genügend Löcher, daß sie auf die Länge von Kinderbeinen verkürzt werden können, und so „hilft man sich", indem man die Kinderfüßchen in die Riemen steckt. Nun braucht das Pferd nur noch zu erschrecken und zur Seite zu springen – schon rutscht das Kind auf einer Seite herunter, der Riemen mit dem verbleibenden Fuß zieht sich vom Gewicht zusammen, das Kind hängt, mit dem Kopf nach unten, hilflos neben einem davongaloppieren-

Achtung: Niemals die Füße in die Steigbügelriemen stecken! Das kann schlimme Folgen haben!

den Pferd ... Phantasievorstellung? O nein – die Versicherungen wissen, wie oft genau das vorkommt! Selbst wenn nichts Schlimmes passiert, wenn das Kind mit dem Schrecken davonkommt – ein begeisterter Reiter wird es vermutlich nicht mehr.
Viele Kinder würden glückliche Reiter werden ohne den Ehrgeiz ihrer Eltern. Die aber lassen sie nicht mit einem Pony selig werden, sondern schleppen sie viel zu früh in die Reitschule, wo sie im strengen Schulbetrieb mitreiten müssen, um etwas zu lernen, was sie noch gar nicht lernen wollen.
In anderen Ländern weiß man das. Wir sprachen schon von den Ponyclubs in Holland, England und den USA, wo Tausende von Kindern bei Reiterspielen und Ausflügen ins Gelände besser und natürlicher reiten lernen als in der Bahn – und das alles nicht mit Zwang, sondern spielerisch und mit viel Freude.
Will das Kind dann später von sich aus auf Turnieren reiten, lernt es bei einem guten Reitlehrer die Voraussetzungen dazu viel schneller. In langen Jahren „freien" Reitens erlernte es spielerisch die Balance auf dem Pferd, den geschickten Sitz und die schnelle Reaktion. Jetzt ist es „reif" für eine erfolgversprechende sportliche Ausbildung.
Viele Kinder möchten aber diesen Weg nicht einschlagen – und werden von ehrgeizigen Eltern dazu gezwungen. Sie sollen immer hochblütigere, schnellere, nervösere Ponys reiten, immer höhere Hindernisse überwinden, sollen auf Turnieren mit straffen Vorschriften starten, obwohl sie lieber durchs Gelände bummeln möchten.
Die Eltern würden sich sicher nicht zwingen lassen, an Autorallyes teilzunehmen, wenn sie schon bei quietschenden Reifen Herzklopfen haben. Oder doch? Sicher nicht! Und

welcher Erwachsene würde sich als mäßiger Skifahrer zum Springen hoher Schanzen zwingen lassen mit dem dürftigen Argument, andere könnten das auch? Gewiß niemand. Erwachsene dürfen nein sagen, ihre Absage wird respektiert. Kinder *müssen* oft einfach, weil ehrgeizige Eltern es wollen. Müssen im Jugendleben aber schon Schule und Berufsausbildung hart durchgestanden werden – sehr oft im rücksichtslosen Wettbewerb –, so sollte wenigstens das Reiten doch überall da, wo es nicht vom Kind ausdrücklich anders gewünscht wird, ein befreiendes Hobby bleiben, eine Liebhaberei im schönsten Sinne des Wortes, die Freude spendet, statt zur ungeliebten Pflicht zu werden.

Was Eltern tun können, um im Kind die Liebe zum Pferd zu wecken

Schaukelpferde und weiche, kuschelige Stoffpferde vermitteln dem Kleinkind die ersten positiven Eindrücke vom „Pferd", desgleichen Bilderbücher mit Stuten und Fohlen. Das ist alles beglückend, Freundschaft weckend.
Gehen ältere Kinder von sich aus gern mit den Eltern zu den Pferden, nimmt man sie mit, zwingt sie aber niemals, sich den Tieren mehr zu nähern, als sie selber möchten. Distanz gibt Sicherheit, und aus der wachsenden Sicherheit kommt dann der Wunsch, die Distanz zu verringern. Zwang bewirkt genau das Gegenteil.
Eltern sollten stets darauf bedacht sein, von ihren Kindern – ob sie nun pferdenärrisch sind oder Angst haben – schlimme Erfahrungen fernzuhalten. Ein Biß oder ein Tritt, der durch größere Aufmerksamkeit der Erwachsenen leicht hät-

te verhindert werden können, hat schon manchem Pferdenarren die Liebe genommen und manchen Ängstlichen nie mehr zum Pferd kommen lassen.

Die Begegnung mit Fohlen kann zu beglückenden Erlebnissen führen, wenn – ja, wenn die Eltern sie behutsam lenken. Interessiert betrachten sich die jungen Lebewesen und sind näherer Begegnung nicht abgeneigt; an den Eltern liegt es, daß sie gefahrlos verläuft: daß das Fohlen festgehalten wird, daß das Kind lernt, es an der richtigen Stelle und sanft zu streicheln, aus dem Bereich der Hinterbeine wegzubleiben, daß es auf die Dauer *versteht*, weshalb es das alles tun oder lassen soll. Können oder wollen Eltern sich nicht die Mühe machen, ständig aufzuklären und aufzupassen, sollten sie Kinder und Fohlen nicht miteinander umgehen lassen.

Ein wuscheliges Shetlandpony erobert Kinderherzen im Sturm. Daß das Glück bestehen bleibt, ist wiederum Sache der Eltern. Sie müssen dafür sorgen, daß es sich wirklich um ein gutmütiges, erfahrenes älteres Pony handelt, das zausende Kinderhände nicht übelnimmt. Schönheit spielt dabei überhaupt keine Rolle. Wichtig ist, daß das Pony sich – unter Aufsicht eines Erwachsenen – gern streicheln und putzen, vielleicht sogar „reiten" läßt. Nimmt sich der Vater, die Mutter dann noch die Zeit, das Pferdchen bei einem langen gemeinsamen Spaziergang am Zügel zu führen, dann wächst unmerklich eine natürliche Neigung zu Pferd und Reiten in Freude und ganz ohne Angst heran.

Aber erst wenn das Kind *selbst* den Wunsch äußert, auf einem anderen und größeren Pferd zu sitzen, heben verständige Eltern es zu sich in den Sattel.

Vor Vater oder Mutter im Sattel sitzend, fühlt das Kind sich zwischen ihren Armen geborgen. Und ohne je eine böse Erfahrung mit dem eigenen kleinen Pferd gemacht zu haben, geht es nun das Wagnis „richtigen“ Reitens an. In Vaters Armen, an die es sich anfangs noch ängstlich anklammert, weicht bald die erste Verkrampfung; begeistert wird es bald einem wiegenden, leichten Galopp zustimmen, wird mit zunehmendem Mut sicherer, balanciert sich bald selbst aus und beginnt, den Bewegungen des Pferdes geschmeidig zu folgen.

Nun ist es soweit: Das Kind kann an der Longe alleine reiten. Ein zuverlässiges, nicht zu großes Pferd mit weichen Bewegungen ist für solche Übungsstunden richtig: Das Kind ist glücklich; ein weiterer Schritt zum angstfreien Reiten ist gemacht.

Und irgendwann kommt vielleicht der Moment, auf den Sie, als passionierter Reiter, sehnsüchtig gewartet haben: Ihr Kind möchte reiten, möchte gar ein eigenes Pferd haben.

Doch bedenken Sie stets: Je ängstlicher Ihr Kind ist, je weniger spontan es sich innerlich den Pferden verbunden fühlt, um so mehr Geduld müssen Sie haben, um so längere Zeit braucht es für alle diese Vorbereitungen. Versuchen Sie nie, es zu überreden, ihm von den Schönheiten des Reitens vorzuschwärmen – Sie erreichen damit eher das Gegenteil. Wir kennen viele Fälle, in denen begeisterte Eltern ihre Kinder verscheucht haben, trotz allerbester Absichten; wir kennen aber auch Fälle, in denen Kinder jahrelang nichts von Pferden wissen wollten, die Eltern das einfach zur Kenntnis nahmen und das Jungvolk wohlversorgt zurückließen, wenn sie ausritten – bis auf einmal die Kinder von sich aus wünschten, zu reiten. Von da an ging alles gut.

Und selbstverständlich akzeptieren Sie auch die Tatsache, daß es einfach Menschen gibt, die wirklich nichts mit Pferden anfangen können. Weshalb sollten sie es auch unbedingt?

Ein letzter Ratschlag noch zu diesem Thema: Kaufen Sie Ihrem Kind nicht *Ihr* Pferd, sondern seines. Das falsche Pferd kann alle Mühen vieler Jahre zunichte machen. *Ihre* Vorstellungen als erwachsener Reiter sind häufig himmelweit verschieden von denen Ihres Kindes. Kinder fühlen sich – wir sagten es schon mehrfach – zu pummeligen, wuscheligen Ponys hingezogen. Kaufen Sie ihm um Gottes willen kein rassiges Turnierpferd – nicht einmal ein rassiges Turnierpony! Lassen Sie es glücklich werden. Möchte es dann nach einigen Jahren reiterlicher Erfahrungen umsitzen auf ein Großpferd, so ist dann – und nicht heute – die Zeit dazu gekommen. Möchte es aber überhaupt nicht umsitzen, so zwingen Sie es nicht dazu. Aus gezwungenen oder moralisch erpreßten Kindern werden keine zufriedenen Reiter – für sie bedeutet Reiten dann nur harte Arbeit und sinnlose Jagd nach Erfolg. Wollen Sie das?
Lassen Sie Ihr Kind selbst zu „seinem" Pferd finden und trennen Sie keine Gemeinschaft, die das Leben bereichert. Der Kampf um den Erfolg bestimmt das ganze Erwachsenenleben – soll er schon die Jugendjahre Ihres Kindes vergiften?

Ein Kind will nicht mehr reiten ...

Irgendwann kommt Ihr Kind nach Hause und erklärt, mit dem Reiten sei nun endgültig Schluß!
Da wurden nun Pferd und teures Zubehör angeschafft, wurde vielleicht mühsam eine Bleibe mit Weide und Offenstall erbaut, hat man sich so manches Wochenende abgerackert, oft unter persönlichem Verzicht, um den Kindern Herzenswünsche zu erfüllen – und nun soll das von heute auf

morgen wieder aufgegeben werden?
Versuchen Sie herauszufinden, weshalb denn Ihr Kind so plötzlich nichts mehr vom Reiten wissen will. Manche Kinder nennen offen den Grund, andere wissen ihn selbst nicht so recht ...
Handeln Sie jetzt nicht überstürzt, machen Sie Ihrem Kind keine Vorwürfe und verkaufen Sie nicht verärgert Hals über Kopf Pferd und Zubehör.
Es gibt nach unserer Erfahrung eine Menge Gründe, die ein Kind vom Reiten abbringen können:

- Der Wunsch nach dem eigenen Pferd war nur ein Strohfeuer, Reiten war gerade „in", die Schulfreunde ritten auch ...
- Alle Alterskameraden kaufen nun Mopeds, haben Freund oder Freundin, fürs Pferd bleibt keine Zeit ...
- Die Freunde haben „schönere" Pferde, schnellere Pferde, teurere Rösser – das Kind will entweder ein anderes oder gar keins mehr ...
- Immer, wenn besondere Veranstaltungen locken, Festzüge etwa oder Reiterspiele und Schauen, muß es zusehen, während andere – der Vater, ein Bekannter, dem man sich verpflichtet fühlt – das Pferd reitet ...
- Das Kind muß zu viel im Stall helfen oder darf sich nicht genügend betätigen, beides kann die Freude arg trüben ...
- Es findet kein Verhältnis zum – falsch gekauften – Pferd, kommt nicht mit ihm zurecht ...
- Es ist gestürzt, hat sich verletzt oder sah einen Freund schlimm stürzen und hat nun fürchterliche Angst bekommen ...
- Ein nicht ehrgeiziges Kind muß hart arbeiten, um Erfol-

ge im Sport zu erringen, die es gar nicht interessieren; das Reiten wird ihm zur Last ...

- Ein sehr ehrgeiziges Kind hat ein Pferd, das seinem Können und seinen Ansprüchen nicht genügt, und ist es leid, immer nur unter „ferner liefen" genannt zu werden ...

Um mit dem letzten Grund zu beginnen: Hier wird die Entscheidung wohl vom Portemonnaie getroffen werden müssen. Erstklassige Turnierpferde für Kinder sind teuer; andererseits ist es ungerecht, einen Ehrgeiz zu schüren, den man später nicht unterstützen kann oder will.
Der vorletzte Grund ist tiefgehend, aber relativ einfach zu lösen: Die Eltern reden nicht mehr vom Turniersport, sondern lassen ihr Kind so mit dem Pferd glücklich werden, wie es das möchte.
In allen anderen Fällen ist zunächst ein Kompromiß angebracht: Das Pferd bleibt noch ein halbes Jahr da und wird weiterhin gepflegt und geritten, während Sie sich bemühen, die einzelnen Gründe nach Kräften auszuräumen – etwa, sich nach Mitreitern umzusehen; bei echtem Zeitmangel ein wenig Stallarbeit zu übernehmen; Pferd und Kind besser miteinander vertraut zu machen – vielleicht über die Teilnahme an einem gemeinsamen Reitkurs in den Ferien; mit Ihrem Kind über die Vorteile eines nicht ganz so schönen oder schnellen Pferdes zu reden und ihm klarzumachen, daß es im Leben nur selten um solche Äußerlichkeiten geht ...
Damit Sie uns nicht mißverstehen: Wir möchten hier keineswegs einer verkrampften Pferdeliebe das Wort sprechen. Lange Jahre der Erfahrung haben aber gezeigt, daß es im Zusammenleben zwischen Kind und Pferd ebensolche

Krisenzeiten gibt wie im zwischenmenschlichen Zusammenleben. Oft gehen sie vorüber. Deshalb sollte man Kind und Pferd eine Chance geben und versuchen, Hindernisse aus dem Weg zu räumen, wobei man als Mutter oder Vater sehr oft auf die Ergebnisse eigener Torheiten stößt – daß man das falsche Pferd kaufte aus Eitelkeit, daß man sein Kind in falsche reiterliche Bahnen lenkte aus Ehrgeiz, daß man aus Bequemlichkeit nicht wahrnahm, wie Kind und Pferd einsam wurden.

Und noch ein letztes Argument möchten wir gegen die allzu schnelle Trennung äußern: Kinder sollten nicht lernen, daß es leicht ist, sich von Lebendigem zu trennen. Beim Pferd mag das gehen – aber wie ist es später im Leben der Erwachsenen? Es lohnt die Mühe der Eltern, ihren Kindern am Beispiel des Pferdes behutsam und nachdrücklich zugleich beizubringen, daß es im Leben nicht angeht, einfach wegzuwerfen, was man nicht mehr mag – daß man viele Kompromisse schließen muß, um wirklich zufrieden zu werden, daß es lohnt, sich um Lebendiges zu mühen. Ist das Interesse Ihres Kindes am Pferd aber ganz erloschen, bleibt Ihnen freilich nur der Verkauf.

Reißen Sie trotzdem Stall und Heulager noch nicht ab, bewahren Sie Sattel und Zaumzeug auf – vielleicht vermissen *Sie* bald das Pferd in Ihrem Leben und kaufen einen neuen Freizeitkameraden für sich selbst.

VERSICHERUNGEN

8 10148-8

Vorbemerkung: Alle folgenden Angaben beruhen auf den Verhältnissen in Deutschland. Sie gelten jedoch im Prinzip ebenso für Österreich und die Schweiz. Die Reiterverbände (siehe Adressen auf Seite 123) erteilen Ihnen zunächst Auskunft, welche Pflichtversicherungen dort in Ihrem Fall abzuschließen sind. Über die Einzelheiten wird Sie der Vertreter einer Versicherungsgesellschaft Ihres Vertrauens informieren und beraten.
Auch hier wird es sich lohnen, vorher bei erfahrenen Reitern und Pferdehaltern Erkundigungen einzuziehen.
Es ist ferner zu empfehlen, von Zeit zu Zeit die abgeschlossenen Versicherungen gemeinsam mit dem Versicherungsvertreter zu überprüfen, ob sie den gegebenen Verhältnissen noch entsprechen.

Pferdefreunde, Reiter und vor allem Pferdehalter sollten sich rechtzeitig intensiv mit den Versicherungen rund um das Pferd befassen. Viele Pferdebesitzer oder auch Reiter fremder Pferde erkundigen sich erst *nach* einem Unfall danach, was sie eigentlich schon vor dem ersten Ritt hätten wissen sollen: welche Versicherungen für den Reiter und den Pferdehalter notwendig und welche zusätzlich sinnvoll sind! Hier ein knapper Überblick über die diversen Versicherungsmöglichkeiten:

- **Reiterferien:** Versicherungen meist im Preis inbegriffen – aber besser vorher fragen. Notwendig für den Betrieb: Betriebs-Haftpflichtversicherung.
- **Reitschule:** Versicherungen für Mitglieder meist im Preis inbegriffen – aber besser vorher fragen. Notwendig für den Schulbetrieb: Betriebs-Haftpflichtversicherung.

- **Umgang mit fremden Pferden:** Achtung! Die Versicherungsfrage ist völlig offen, da keine Versicherungspflicht besteht.
  Für den Pferdebesitzer notwendig: Tierhalter-Haftpflichtversicherung; eventuell: Tierlebensversicherung.
  Für den Reiter (Benutzer der Pferde) notwendig: Privat-Haftpflichtversicherung; erwünscht: Unfallversicherung.
  All diese Fragen sind unbedingt zu klären, *bevor* Ihr Kind sich mit fremden Pferden beschäftigt.
- **Umgang mit eigenen Pferden,** die an anderem Ort untergestellt sind: Achtung! Die Versicherungsfrage ist völlig offen, da keine gesetzliche Versicherungspflicht besteht. Es ist rationell, Pferde dort mitzuversichern, wo sie untergebracht sind und versorgt werden, denn es gibt Sondertarife für Landwirte und Reitschulen, die erheblich preisgünstiger sind als das Versichern eines einzelnen Tieres durch die Privatperson.
  Für den Tierhalter (der das Pferd versorgt) notwendig: Weidegangversicherung, Betriebs-Haftpflichtversicherung (evtl. durch Landwirtschaftliche Berufsgenossenschaft).
  Für den Besitzer notwendig: Tierhalter-Haftpflichtversicherung, Privat-Haftpflichtversicherung; eventuell: Tierlebensversicherung.
  All diese Fragen sind unbedingt *vor* Unterstellen des Pferdes zu klären, weil erfahrungsgemäß während der ersten Tage in neuer Umgebung die Unfallgefahr am größten ist.
- **Pferde im eigenen Stall:** Da es bisher noch keine gesetzliche Versicherungspflicht für Pferdehalter gibt, liegt ein Versicherungsabschluß stets im Ermessen des Pferde-

besitzers, der damit eine enorme Verantwortung trägt.

Versicherungen ums Pferd: Unbedingt notwendig: Tierhalter-Haftpflichtversicherung, Weidegangversicherung; erwünscht: Betriebs-Haftpflichtversicherung (eventuell durch Landwirtschaftliche Berufsgenossenschaft); sinnvoll: Tierlebensversicherung, Unfallversicherung.

Versicherungen um den Stall: gesetzlich vorgeschrieben: Feuerversicherung; sinnvoll: Inventarversicherung.

Nach dieser schematischen Übersicht wollen wir Ihnen nun die aufgezählten Versicherungen – alphabetisch geordnet – einzeln erläutern.

● Berufsgenossenschaftliche Versicherung

Eine Berufsgenossenschaft hat die Aufgabe, die in einem ihr angeschlossenen Betrieb gegen Entgelt oder unentgeltlich Beschäftigten durch Vorsorgemaßnahmen, Heilmaßnahmen, Unfall- und Hinterbliebenenrente vor Not und Armut schützen.

Die Zugehörigkeit eines Betriebes zu einer Berufsgenossenschaft ist gesetzliche Pflicht. Die Eintragung in das Mitgliederverzeichnis erfolgt zwangsweise; eine Befreiung von der Versicherungspflicht ist nicht möglich.

Die Pferdezucht und Weidehaltung in größerem Umgang gehört zur Landwirtschaftlichen Berufsgenossenschaft. Liegt dagegen nur eine Pferdehaltung in unbedeutendem Umfang vor, dann gehört der Betrieb zur „Berufsgenossenschaft für Fahrzeughaltungen, Hamburg“, so komisch das auch klingen mag. Das ist recht günstig, weil ein Beitrag hier nicht nach bearbeiteter Fläche, sondern nach dem an Fremde gezahlten Arbeitsentgelt berechnet wird.

Beispiel für die Leistung: Michael hilft seinem Freund bei der Heuernte, fällt beim Aufladen vom Wagen und bricht sich ein Bein. Eine langwierige Behandlung ist erforderlich. Hier sorgt die Berufsgenossenschaft für die erforderlichen Heilmaßnahmen und deren Bezahlung.

- **Betriebs-Haftpflichtversicherung**

Bei allen Tätigkeiten besteht die Möglichkeit, durch Unachtsamkeit oder Unvermögen Fehler zu machen. Das kann unangenehme materielle oder gesundheitliche Folgen haben: Es muß dafür Schadenersatz geleistet werden! Dem Landwirt, der Reitschule, dem Gastwirt oder dem Pferdehalter hilft dann nur eine Betriebs-Haftpflichtversicherung. Beispiel für die Leistung: Marianne und Klaus haben sich für ihre Pferde Wiesen gepachtet, die jahrelang brachlagen. Nun sind diese Weiden von Dornen und Gestrüpp überwuchert, Brennesselhorste und Distelmeere lassen kaum Gras wachsen. Auf Anraten eines Landwirts bekämpfen sie diese Unkrautnester mit einem chemischen Spritzmittel. Starker Wind treibt nun die Giftwolken in Nachbars Garten, wo bald darauf etliche Nutzpflanzen eingehen.

Für Schäden, die Fremden aus der falschen Benutzung von Düngemitteln, Unkrautvernichtungsmitteln, ja aus der Nutzung der eigenen Ländereien entstehen, haftet die Betriebs-Haftpflichtversicherung – niemals aber die Privat-Haftpflicht- oder Tierhalter-Haftpflichtversicherung.

- **Gebäude-Feuerversicherung**

Das Gebäude und alles, was mit ihm fest verbunden ist, muß zwangsversichert werden. Die Prämie richtet sich danach, ob das zu versichernde Gebäude landwirtschaftlich genutzt wird oder nicht.

Beispiel für die Leistung: Bei Jürgen brennen Stall und Scheune ab – wahrscheinlich kam es zur Selbstentzündung von frisch geerntetem Heu. Menschen und Pferde kommen nicht zu Schaden, aber die gut gefüllte Scheune ist bis auf die Grundmauern abgebrannt, der Stall teilweise zerstört – und auch den Traktor hat's erwischt. Je nach Schadenhöhe wird die Versicherungssumme gezahlt. Den Schaden am Traktor aber, der nicht zur Gebäudeversicherung gehört, ersetzt niemand.

- **Inventarversicherung**

Lebendes und totes Inventar kann man gegen Verlust versichern – man muß es aber nicht. Wenn man die relativ niedrige Prämie zahlt, sind alle nicht fest mit dem Gebäude verbundenen (und bei Vertragsabschluß gemeldeten) Gegenstände einschließlich Vorräte und Tiere gegen Brand, Diebstahl und weitere Schäden abgesichert. Achtung: Fremde Sachen sind in der Regel nicht versichert! Diese müssen stets gesondert gemeldet werden.
Beispiel für die Leistung: Bei Jürgens Scheunenbrand brannte der Traktor völlig aus, ebenso wurde das Sattelzeug total vernichtet. Hier zahlt die Inventarversicherung für diese gemeldeten und versicherten Gegenstände, deren Neuanschaffung sicher sehr teuer ist.
Der geliehene Ladewagen, der ebenfalls verbrannt ist, war bei Jürgen in fremdem Gewahrsam: Für ihn muß Jürgens Versicherung nicht aufkommen. Jürgen muß ihn aus eigener Tasche ersetzen, falls der Verleiher Schadenersatz fordert.

- **Privat-Haftpflichtversicherung**

Manches Fehlverhalten, manche Unachtsamkeit im täglichen Leben kann zu großen finanziellen Belastungen

führen: Denn nach dem Gesetz muß man für die Schäden aufkommen, die man verursacht hat. Eine Privat-Haftpflichtversicherung vermindert das finanzielle Risiko ganz erheblich, obwohl die Prämien sehr niedrig sind.
Beispiel für die Leistung: Susanne darf auf dem großen Rappen von Herrn Jansen reiten. So auch am Sonntag. Da es recht windig ist, fliegt unter Geknatter eine Plane hoch, als Susanne vorbeireitet. Der Rappe scheut – und springt in ein eben vorbeifahrendes Auto. Mensch und Tier bleiben unverletzt, aber das Auto hat eine große Beule – das gibt eine saftige Reparaturrechnung. Aber keine Sorge, Susannes Vater hat für seine Tochter eine Privat-Haftpflichtversicherung abgeschlossen, die beim Reiten *fremder* (nicht eigener!) Pferde den Schaden zahlt. Die Privat-Haftpflichtversicherung kommt für den Schaden am Auto auf.

- **Tierhalter-Haftpflichtversicherung**

Auch die ruhigsten Tiere bleiben unberechenbar. In einem unvorhersehbaren Moment entziehen sie sich dem Einfluß des Menschen und richten Schaden an. Um das mit einer Tierhaltung verbundene Haftpflichtrisiko in überschaubarem Rahmen zu halten, empfiehlt sich *dringend* der Abschluß einer Tierhalter-Haftpflichtversicherung: Denn Tierhalterhaftpflicht und Privathaftpflicht sind zwei Versicherungsarten, die ganz verschiedene Risiken abdecken.
Beispiel für die Leistung: Die Tierhalterhaftpflicht deckt das Risiko aus der Haltung und Nutzung *eigener* Tiere. Wir bleiben bei dem vorigen Beispiel. Nur: Susanne reitet diesmal den Braunen, der ihrem Vater gehört. Die Tierhalter-Haftpflichtversicherung bezahlt den Schaden am Auto.

- **Tierlebensversicherung**

Die Tierlebensversicherung deckt den Verlust, wenn das Pferd so zu Schaden kommt, daß es dauernd nicht mehr nutzbar ist oder getötet werden muß.
Nach der Versicherungssumme staffeln sich auch die Prämien, so daß bei größeren Beständen der Abschluß einer Tierlebensversicherung – verglichen mit dem Risiko – uninteressant wird. Die Tierlebensversicherung umfaßt folgende Risiken: Tod, Nottötung, dauernde Unbrauchbarkeit, eventuell auch Zuchtuntauglichkeit, außerdem Verlust des Pferdes durch Diebstahl, körperliche Schäden des Pferdes durch Brand, Blitzschlag oder Explosion.
Allerdings müssen die Kosten für eine tierärztliche Behandlung selbst getragen werden, es sei denn, die Tierlebensversicherung hat sich in einem speziellen Fall zur Übernahme der Tierarztkosten bereit erklärt.
Beispiel für die Leistung: Flora tritt bei einem Ritt über Ödland in ein großes Mauseloch und bricht sich eine Vorderröhre. Die Stute ist jetzt dauernd unbrauchbar für Sportzwecke – sie ist ein Versicherungsfall. Was mit Flora jetzt geschehen soll, muß mit der Tierlebensversicherung abgesprochen werden.

- **Unfallversicherung für Menschen**

Die Unfallversicherung deckt Arzt- und Heilungskosten bei körperlichen Schäden, die durch Unfall verursacht sind. Es spielt dabei keine Rolle, ob der Unfall auf höhere Gewalt, eigene Unachtsamkeit oder fremdes Verschulden zurückzuführen ist. Es ist auch gleich, ob mit eigenen oder fremden Pferden, ob in der Reitbahn oder im Gelände, ob zum Spaß oder im Rahmen des sportlichen Trainings geritten wird. Private, also nichtberufliche, Reitunfälle sind norma-

lerweise in der gesetzlichen Krankenkasse oder einer gleichgestellten Versicherung mitversichert. Eine private Unfallversicherung bietet zusätzliche Leistungen, beispielsweise bei Dauerschäden oder in Form von Krankenhaustagegeld. Ereignet sich ein Unfall bei einer Vereinsveranstaltung, wird unter Umständen auch die Sportversicherung des Vereins zahlungspflichtig.
Beispiel für die Leistung: Hans nimmt auf Einladung seines Vereins an einer Fuchsjagd teil. Bei einer Schrittstrecke kommt er dem Vorderpferd zu nahe. Das Pferd schlägt aus und trifft Hans so unglücklich, daß er mit einem Beinbruch ins Krankenhaus muß. Seine Pflichtkasse übernimmt die Arzt- und Heilkosten, verlangt sie jedoch von der Sportversicherung des Vereins zurück. Von seiner privaten Unfallversicherung erhält Hans Tagegeld, solange er im Krankenhaus liegt. Die Entschädigung für Verdienstausfall als Auszubildender regelt sich nach den gesetzlichen Bestimmungen.

- **Weidegangversicherung**

Selbstverständlich erhöht sich das Versicherungsrisiko, wenn die Pferde ganzjährig nicht nur im Stall, sondern auch auf der Koppel gehalten werden. Aus diesem Grunde kann man zusätzlich zur Betriebs-Haftpflicht- beziehungsweise Tierhalter-Haftpflichtversicherung die preiswerte Weidegangversicherung abschließen.
Die Versicherung zahlt, wenn Tiere aus ordnungsgemäß errichteten und unterhaltenen Koppeln ausbrechen und dabei einen Schaden anrichten. Damit aber die Versicherung nicht durch kleine Schäden (Bagatellfälle) oder Leichtsinn über Gebühr belastet wird, wird stets eine gewisse Selbstbeteiligung vereinbart.

Beispiel für die Leistung: Aus irgendeinem Grund brechen Michaels Pferde aus der mit intaktem Elektrodraht umzäunten Koppel aus und rennen in das Rübenfeld von Bauer Harms, dem großer Schaden entsteht. Hier zahlt die Weidegangversicherung. Michael muß nur eine geringe Summe – die Selbstbeteiligung – beisteuern.

ADRESSEN VON REITERVERBÄNDEN

Deutschland:

Deutsche Reiterliche
Vereinigung e. V.
Freiherr-von-Langen-Straße 13
D-48231 Warendorf
Telefon 0 25 81/6 36 20

Vereinigung der Freizeitreiter
in Deutschland e. V.
Am Bauernwald 5 b
D-81739 München
Telefon 0 89/6 01 16 14

Erster Trekking Club
Deutschland e. V.
Bergmühle 12
D-84104 Rudelzhausen
Telefon 0 87 54/4 85

Erste Westernreiter Union
Deutschland e. V.
Wallenbrücker Straße 24
D-49328 Melle
Telefon 0 52 26/1 76 06

Österreich:

Bundesfachverband für Reiten
und Fahren
Geiselbergstraße 26-32/512
A-1110 Wien
Telefon (von Deutschland aus)
00 43/1/7 49 92 61

Austrian Western Riding
& Breeding Association
Frau Dr. Hilde Jarc
Baumeistergasse 14–14-2
A-1160 Wien

Schweiz:

Schweizer Verband für
Pferdesport
Blankweg 70, Postfach
CH-3072 Ostermundingen
Telefon (von Deutschland aus)
00 41/31/51 56 24

Swiss Western Riding Association
Herr Emil Hegetschweiler
Wickinger Ranch
CH-8919 Werd-Rottschenschwil

DIE AUTORINNEN

Ursula Bruns ist eine der bekanntesten Pferdeexpertinnen der heutigen Zeit. Die Autorin vieler Bücher und zahlloser Zeitschriftenartikel setzt sich engagiert für die artgerechte Haltung, Ausbildung und Behandlung von Pferden ein. In ihrem FS-Testzentrum in Reken/Westfalen geht Ursula Bruns im Umgang mit den Pferden und in der Ausbildung der Reiter neue Wege. In allen Veröffentlichungen von Ursula Bruns stehen das Verständnis für das Pferd und die angstfreie, freudvolle Ausbildung des Reiters im Vordergrund.

Marlit Hoffmann ist Autorin und Illustratorin zahlreicher Bücher und Zeitschriftenartikel rund um Pferde. Die begeisterte Reiterin und Züchterin von Fjordpferden und Connemaraponys lebt mit ihrer Familie und ihren Pferden auf dem Land. Marlit Hoffmann, bekannte Fachfrau und Pferdekennerin, gibt an ihre Leser und Leserinnen die langjährigen Erfahrungen weiter, die sie unter anderem in den Gebieten Pferdezucht und -haltung, Umgang mit Pferden und Reiten sammelte.

SACHREGISTER

RATGEBER FÜR PFERDEFREUNDE

Wendy, 100 Fragen und Antworten
Die häufigsten Fragen an das WENDY-Expertenteam, nach Themengebieten geordnet und ausführlich beantwortet: Fragen rund ums Reiten, Pferderassen, Umgang mit Pferden, Haltung, Pflege und vieles mehr!

Ferien mit Pferden
Dieser Ratgeber beantwortet alle Fragen rund um Reiterferien und stellt über 250 Reiterhöfe in Deutschland, Österreich und der Schweiz ausführlich vor. Unentbehrlich für alle, die ihre Ferien mit Pferden verbringen möchten!

Pferde, meine große Liebe
Ein wichtiger Ratgeber für pferdebegeisterte Mädchen und ihre Eltern. Praxisnah und ausführlich beantworten die bekannten Autorinnen viele wichtige Fragen – vom Voltigieren übers Reiten im Reitverein bis hin zu Pferdekauf, Pferdehaltung und Versicherungen.